高手不說，默默放空多賺15%

張凱文◎著

高手不說,默默放空多賺15% / 張凱文著. -- 初版.
-- 臺北市 : 羿勝國際, 2019.05
面； 公分
ISBN 978-986-96767-6-2(平裝)
1.股票投資 2.投資技術 3.投資分析

563.53　　108007104

作　者　張凱文
美　編　純伶
出　版　羿勝國際出版社
初　版　2019年
電　話　（02）2236-1802（代表號）
E-mail　kv2grace@gmail.com
定　價　請參考封底
印　製　東豪印刷事業有限公司

總 經 銷　大和書報圖書股份有限公司
聯絡電話　（02）8990-2588
公司地址　24890 新北市新莊區五工五路2號

一生能夠積累多少財富，

不取決於你能夠賺多少錢，

而取決於你如何投資理財，

錢找人勝過人找錢，

要懂得錢為你工作，

而不是你為錢工作。

～ 華倫．巴菲特

前言
Foreword

在世界大城市中，一場新的年輕化職業革命正悄悄興起，假若你有機會和三十五歲左右的人談話時，你會感覺到他們有一種日益增長的莫名被裁員的恐慌，尤其身處在華爾街裡，不確定性似乎無所不在。

華爾街金童的告白

全世界的人力市場最近出現了一種新概念：由原來的認為高學歷就是人才，轉向「企業有需要才是人才」。這是因為市場經濟千變萬化，人才的需求也隨之不斷改變。因此，未來社會只有兩種人：一種是因為工作和學習忙得要命的人，另外一種是找不到工作閒得發慌的人。

一個在美國某著名投資銀行任職的年輕人說：「在華爾街絕對有年輕化的傾向，因為這麼多的新投資建築在熟練技術上。

今天的技術只能今天教。經驗一文不值，它只意味著你的技術已經老了。在高科技時代，甚至離開學校四年也代表你的技術已經老了四年，如果你在矽谷，二十五歲時你最好已經賺飽荷包，因為你已經完了。我二十七歲，在金融業已經七年，就已經像是具恐龍化石，該準備進博物館了。」

很多人認為擁有一技之長便可走遍天下，但事實上，若只有單一技能者想拿高薪卻愈來愈難。有關專家指出：外語和電腦已經成為由原先的專門人才轉向為複合型人才必備的兩大工具。所有目前領高薪者若再不學習新知，用不了五年就會跌入低薪階層。

積極規劃自己生涯

無論你身處哪個行業，唯有積極面對變化，才可能獲得成功。我們曾經仗著學歷傲視群雄。但是如今學歷急速「貶值」，如何面對這變幻莫測的競爭世界？如何選擇充實自己的確切方向？前陣子的暢銷書《誰搬走了我的乳酪》，用兩隻小老鼠的遭遇闡述了

前言
Foreword

積極應對變化的重要性。只靠著經驗吃老本，總有一天會被吃空，因為那時候會有更年輕、更優秀的人來替代你。「活到老，學到老」這句老話對於白領一族來說，有著更深一層的意義，不要在忙碌的生活中無謂的消耗自己，要隨時注意為自己儲備能量，若有一天即使突然遭逢職場冬天，你仍能有備無患。

目前社會變革加快，每個人的職場生涯都會不斷向前發展，所以每個人都應該是根據自己的實際情況，先制定出一份總體的生涯規劃，然後在不同的時期中，根據實際情況做適當的調整。

在為自己規劃職業生涯的時候，要認真思考以下三個方面：首先，成功不分早晚。到了一定年齡階段仍找不到職業方向的人不必驚慌失措，認為自己一輩子就這樣庸庸碌碌、一事無成了，只要能時時刻刻保持創新的思維和心態，努力追求你的目標，終會有事業成功的一天。

其次，成功是無法複製的。你不可能把他人的成功經驗原封不動轉移到自己身上，做職業規畫最忌隨波逐流。最後，在每一次起跑前都要先認清楚自己。無論是年輕創業，還是中年時再起跑，首要之務是認識自己，找到最適合自己做的、以及最能做出成績的行業。

詭譎多變的股市

股市裡有個殘酷的數字：「10個在股市的投資人，只有一個人賺錢。」我認為那位賺錢投資人就是擁有良好的態度，這態度並不是擁有多強的操盤功力或是掌握甚麼內線消息，而是了解到在股市裡賺錢的不易，並且隨時保持戰戰兢兢的投資態度。

今日在股市裡賺到錢，不代表從此一帆風順，而是要更小心因為股市賺錢後，讓自己疏於防範，結果造成未來股市崩盤時，自己的資產也大幅地縮水，所以無論短期內是否在股市裡賺到錢，都必須保持謙虛的操盤態度，才能讓自己優游股海，靠股票達到財務自由之路。

第五章

短線長線兩頭賺 77

第六章

崩盤放空策略 91

第七章

ETF必賺操作術 105

第八章

ETF多空操作實戰策略 125

第九章

ETF多空實戰 147

第十章

認識槓桿型和反向型ETF 163

第一章

選擇重於一切

變你的心態，就能改變你的人生。

長期投資不一定會賺錢

在投資上想成功，投資技巧是其次，投資心態才是首要重點。

美國次級房貸、雷曼兄弟證券危機在2008年引發金融海嘯，台北股市也從九三〇九點崩跌至三九五五點，這時原本相信台北股市即將上萬點的我，在崩盤的過程中，總是一再地以為跌夠了，股價應該即將回升。

沒想到我手上的股票跌完五成再跌五成，跌了一倍再跌一倍，總共我股票上的帳面價值，從七百多萬崩跌至只剩一百多萬。

但當時我有另一位朋友，他運用了期貨操作技巧，當台股開始跌破9000點後，他在每一波反彈時開始放空，若當日大跌超過1%以上，他會選擇當沖回補獲利了

結，若是小漲小跌他會留倉。就這樣遇漲就空，遇大就當沖，他在金融海嘯那一波，靠著50萬的本金，滾到了500萬元，當別人甚至全世界都在哀號自己的資產大縮水時，他靠著放空和當沖，為自己的資產翻了好幾翻。

死多頭的鴕鳥心態

投資人在投資市場待久了，總是會經歷股市的大漲大跌，當股市大漲時，大家手中的資產增值，自然很高興，但是當股市大跌時，大家只能眼睜睜看著資產跌價，並且安慰自己要存股長期投資，這就是一種死多頭的鴕鳥心態。

我並不是認為存股長期投資是死多頭的鴕鳥心態，我自己可是很提倡存股長期投資的，我認為那些本來想做短線賺價差，但因為不肯停損而轉為存股長期投資的人，這樣的心態才是死多頭的鴕鳥心態。

我認為真正的存股長期投資的人，是不在乎股價的漲跌，而是在乎每年所收到的股息股利是否成長，因此這跟想作價差的投資人的心態完全不同，雖然長期投資也能做短線價差，不過我認為這需要更多的操作經驗和成熟的投資心態，才能長線短線都能賺。

改變心態才能改變人生

有句勵志名言：「態度決定你的高度。」在投資上想成功，投資技巧是其次，投資心態才是首要重點，投資人是抱著玩玩賭博的心態來投資，還是戰戰兢兢地學習投資，這都將決定投資的成敗。

因此我在此呼籲，改變你的心態，就能改變你的人生，把你以前錯誤的投資觀念捨棄，接受新的投資觀念和技巧，重新把獲利的主動權掌握在自己手中，你將發現，其實投資一點都不難。

投資人應該要學會無論股市大漲大跌，都能從中獲取財富，這樣才能在每年年終結算股市利潤時，讓自己在股票市場的財富淨值年年增長。

投資不能只靠買股票等上漲，還必須學會當沖技巧，即使一開始無法學會當沖技巧，也可以先從技術分析、放空技巧開始，我相信只要投資人願意，一定可以在投資市場多空雙賺，讓自己踏上財富自由之路。

巴菲特想的和你不一樣

運用好多空操作策略，至少能讓自己在股市永保安康。

眾所周知，股神巴菲特倡導的是長期投資，他曾經說過：「如果你不想擁有一檔股票10年，那就不要買進。」但是較少投資人知道，在巴菲特的致富過程中，他也有靠著放空來累積獲利。

巴菲特也會放空

讓我們將時間回到巴菲特的年輕時候，回顧一下1957至1974年的巴菲特是如何進行股市操盤。

1957年，巴菲特所募集而來掌管的資金達到30萬美元，年末則升至50萬美元。1962年，巴菲特合夥人公司的資本達到了720萬美元，其中有100萬是屬於巴菲特個人的。當時他將幾個合夥人企業合並成一個「巴菲特合夥人有限公司」。情況有點像中國的私募基金或私人投資控股公司。

1964年，巴菲特的個人財富達到400萬美元，而此時他掌管的資金已高達2200萬美元。

1967年10月，巴菲特掌管的資金達到6500萬美元，隔年1968年，巴菲特公司的股票取得了它曆史上最好的成績：增長了46%，而當時道瓊指數才漲了9%。這時巴菲特掌管的資金上升至1億400萬美元，其中屬於巴菲特的財產有2500萬美元。

而在1968年5月，巴菲特卻通知合夥人，他要暫時退休。隨後，他逐漸出清了巴菲特合夥人公司的所有的股票。

1969年6月，美國股市開始直直落，漸漸演變成了股災，到1970年5月，每種股票都要比上年初下降50%，甚至更多，而在1970年至1974年間，美國股市就像行屍走肉，沒有一絲生氣。

巴菲特在1973年復出默默買進《華盛頓郵報》，後來又買進知名的可口可樂、波克夏、吉列等大家熟知的股票，一直到今日，成就了巴菲特不凡的投資傳奇。大家注意到了嗎？巴菲特在1968年出清了股票換回現金，他當時雖沒有像索羅斯一樣放空股市，但是他持有現金至1973年，等於是用「現金放空」的概念來等待股市落底回升。

多空的操作技術

當我讀到巴菲特這段過往的經歷時，其實讓我整整呆住了10分鐘，因為我和許多投資人一樣，認為巴菲特是以長期投資聞名，買進的股票總是持有並靠每年的配股配息，獲取穩健的獲利。

我在想是因為巴菲特所操盤的波克夏基金，後來已經成長到幾百億美金，而且當初買進的金額極低，因此他可以每年靠著配股配息，讓持有成本趨近於零，這樣就不用太擔心股市的大跌了。

但1968年當時巴菲特所掌管的基金不像現在這麼龐大，所以當他察覺整個股市超漲，並且即將崩盤時，他依然會選擇出清股票離開股市，因此，我開始研究多空的操作技術，讓自己無論在牛市和熊市時都能獲利，即使在熊市不放空，我也可學巴菲特一樣，手上握有現金靜待股市的下跌。

選勢、選股、選價位

多空操作的技術分析和基本分析，我會在接下來的章節陸續分享給大家，若以一句簡單的話來說明，我認為必須要懂得「選勢、選股、選價位」，才能獲取成功的多空操作。

「選勢」代表的是投資人必須了解股市大趨勢即將轉空和翻多，這樣才能夠領先市場布局，股市的大趨勢判斷好後，接下來才能夠進行**「選股」**和**「選價位」**。

投資人在股市牛市和熊市的循環中，或許無法掌握住每波的行情，但是若能運用好多空操作策略，至少能讓自己在股市永保安康，只要在人生中，掌握住一至兩波的大行情，那麼自然可以讓自己從股市獲取巨大的財富。

從優秀到卓越

追求卓越，成功就自然而來。

相信翻開此書的投資人，在投資路上多少都遇到過瓶頸，有些人是投資股票被套牢了，有些人是想找看看要買甚麼股票才會漲，也有些人是想知道如何才能從股票市場中致富。

建立良好的投資策略

以我的經驗來說，若想在股票市場短期致富是不可能的，即使一時賺到錢，若沒有好的投資策略和工具，很快就會吐回去給市場，甚至賠更多而讓自己從此遠離股市。

建立好的投資策略，代表的是無論行情漲跌，都能夠從中賺到錢，這非常重要，因為若投資人只懂得做多，那麼當行情下跌或盤整時，就無法進行操作，只能眼睜睜看著股價下跌，進而吞噬掉你的資產。

有人會問：「為什麼有些人這麼會買股票？」原因無他，因為股市贏家早已領悟了「股票投資不在於聰明牌，而是在於參透人性」的道理，成功投資人就必須是個用心思考的人，在最關鍵的時刻做出正確的決定，自然就能夠穩定從市場裡獲利。

基亞的19根跌停

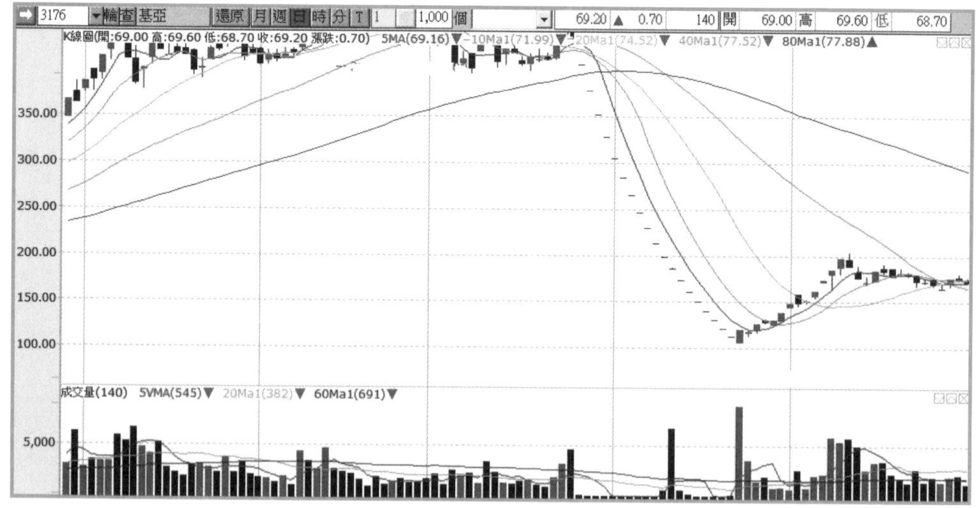

多空都能賺

人妻最怕撞3件事：撞車、撞鬼、撞小三；投資最怕遇3件事：套牢、下市、大崩盤，在投資路上，唯有在股市下跌也能獲利的投資人，才能夠保護自己不踩到股市的地雷。

舉凡近年來的股市地雷，2010年唐鋒從299.5元開始崩跌至2015年的5.85元，2014年的基亞當新藥題材破滅

唐鋒炒作後跌至谷底

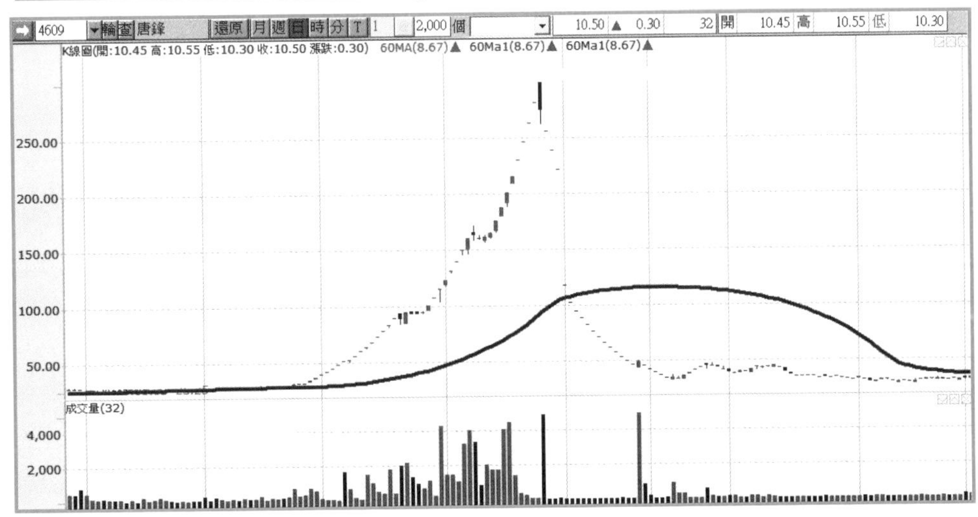

後，從2014年的486元崩跌至2016年的56元，2016年的樂陞收購案破局後，股價也從115元開始直線往下崩跌。

這些血淋淋的案例都告訴我們，在股票市場裡，若只會買股票存股，懂得長期投資是遠遠不夠的，我們必須再多學會放空的技巧，讓自己多空都能賺，才能在股災來臨時，至少保住自己的資產不會憑空消失。

樂陞併購案失敗，股價崩跌

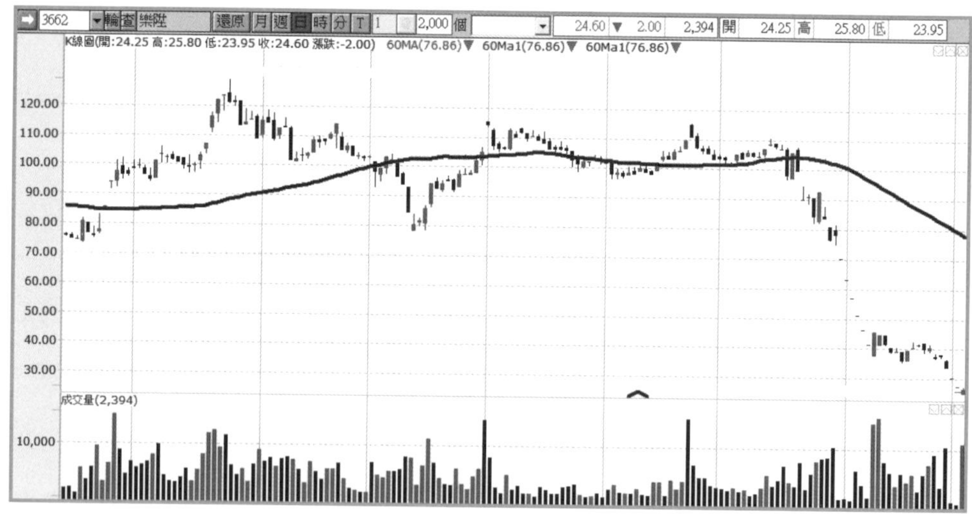

成功之路

在投資市場裡，我們總是追逐著找尋下一波的主流股，期待買進後能夠大漲，卻忽略了增進自己的投資技術，因此總是在股海裡載浮載沉。

印度有部經典電影《三個傻瓜》，裡頭有句經典的台詞，就是男主角說：「不要追求成功，而要追求卓越；追求卓越，成功就自然而來。」

我相信在目前股市詭譎多變的環境裡，還能夠存活下來的投資人都是優秀的，即使沒有賺到錢，也沒賠到大錢，就算賠過大錢，至少還有留在股票市場裡的勇氣。

在股票市場裡，只要肯努力學習，自然就會找到自己的成功之路，所以讓我們一起加油，讓我們追求卓越的投資技術，而不只求快速致富，我相信唯有如此，才能讓自己自然而然地邁向財富自由之路。

MEMO

第二章

短線看盤實戰操作

投資人要懂得盤整期的操作方式，
才能在股市裡永保安康。

每天看盤的基本常識

股票市場千變萬化，若盤勢不如預期，也請趕緊先退出市場觀望，以免受到重傷。

有了技術分析的基本認識之後，我們就將這些當日看盤的技巧，實際應用在操作上。但別忘了，股票市場千變萬化，許多當日盤勢非常錯綜複雜，讀者不只要靈活運用這些技巧，若盤勢不如預期，也請趕緊先退出市場觀望，以免受到重傷。

觀察價格在外盤或內盤成交

若一檔股票的當日行情，若多數價格都成交在外盤價，代表買方的勢力比較強，多頭的氣勢比空頭還要強，如果這種盤勢一直持續下去，我們就應看好這檔股票，宜做多。

一檔股票的當日行情，若多數價格都成交在內盤價，代表賣方的勢力比較強，空頭的氣勢比多頭還要強，如果這種盤勢一直持續下去，我們就應看壞這檔股票，宜做空（圖1）。

在同一類股中，如果所有的股票，其成交價都成交在外盤，表示市場看好這一類股，因此資金便源源不斷地湧入這一類股中，由於買盤資金的進場，代表多頭的實力堅強，追高意願強烈，則該股自然會有一番作為。

2614東森外盤成交圖／圖1

資料來源：永豐金e-Leader

如果這種盤勢不斷出現，類股中所有股票的成交價格都成交在外盤，則該類股成為大盤指標股的機會也大為增加（圖2）。

在同一類股中，如果所有的股票，其成交價都成交在內盤，表示市場普遍看壞這一類股，因此空頭賣壓不斷湧現。

由於一致看壞類股表現，空頭的氣勢旺盛，殺低意願強烈，以致股價普遍成交在內盤。如果這種盤勢不斷出現，類股中所有股票的成交價格都成交在內盤，則該類股便不宜成為買進做多的標的（圖3）。

當日類股漲跌幅／圖3

類別 全部

股票	指數	漲	漲停	跌	跌停	平盤	漲跌	漲跌幅	成交張量	成交總金額
鋼鐵類	95.81	7	-	12	-	10	▼ 0.27	-0.28%	4,711	1.01
橡膠類	369.81	6	-	3	-	1	▼ 0.78	-0.21%	4,838	1.88
汽車類	307.56	3	-	3	-	-	▼ 0.62	-0.20%	1,944	1.17
電子類	288.72	-	-	-	-	-	▲ 0.62	0.21%	0	-
營建類	321.49	29	-	10	-	7	▲ 1.63	0.50%	24,307	6.41
運輸類	74.67	12	-	5	-	3	▲ 0.25	0.33%	32,529	4.73
觀光類	135.72	6	-	2	-	4	▲ 0.61	0.45%	564	0.70
金融類	994.78	19	-	8	-	9	▲ 3.60	0.36%	37,851	8.13
百貨類	236.10	2	1	4	-	7	▼ 1.08	-0.45%	3,344	2.17
其他類	237.05	17	1	17	-	10	▼ 1.05	-0.44%	10,736	6.78
油電燃	97.99	1	-	3	-	4	▼ 0.02	-0.02%	2,253	0.94
半導體	90.17	40	-	11	-	17	▲ 0.19	0.21%	59,302	33.17
電腦週	82.94	31	2	17	-	10	▲ 0.71	0.86%	68,751	21.30
光電業	28.89	27	-	28	-	14	▼ 0.05	-0.17%	76,994	22.86
通信網	112.58	16	-	14	-	10	▼ 0.43	-0.38%	20,743	11.36
電子零	69.31	44	-	18	-	21	▲ 0.57	0.82%	38,075	12.38
電子通	100.61	7	-	8	-	7	▼ 0.02	-0.01%	3,134	1.04
資訊服	86.38	9	-	2	-	1	▲ 0.47	0.54%	1,741	0.63
其它電	61.69	23	-	6	-	4	▲ 0.09	0.14%	22,977	16.81
綜合	120.61	312	6	145	-	189	▲ 0.41	0.34%	237,075	47.42
金融類	0.00	5		1		2	-	0.00%	369	0.03
紡織類	221.97	4	-	2	-	3	▼ 3.40	-1.50%	840	0.80
電機類	123.89	16	2	7	-	10	▲ 0.69	0.56%	4,374	2.91
電器類	0.00	-	-	1	-	1	-	0.00%	4	-
化工類	63.09	2	-	4	-	8	▼ 0.12	-0.18%	1,120	0.46
鋼鐵類	91.52	2	-	3	-	6	▼ 0.37	-0.40%	602	0.12
營建類	162.63	11	-	2	-	11	▲ 0.98	0.60%	2,572	0.53
運輸類	61.83	4	-	1	-	-	▲ 0.79	1.29%	2,589	0.69
觀光類	98.79	1	-	3	-	4	▼ 0.18	-0.18%	973	0.33
貿易百	0.00	3	-	2	-	8	-	0.00%	576	0.38
食品類	0.00	3	-	2	-	-	-	0.00%	679	0.23

在同一類股中，如果有的股票，成交價成交在內盤，有的股票，成交價成交在外盤。此種盤勢，表示市場對於此類股的看法不一，整個類股沒有共同的題材，漲跌看個股本身，由於很難看出類股未來走向是上還是下，因此不妨先退出觀望為佳，等到盤勢比較明朗時再行介入。

有了技術分析的基本認識之後，我們就將這些當日看盤的技巧，實際應用在操作上。

致富密碼：將個股分類，找出族群趨勢。

當日的價量變化

股價是成交量所買賣出來的，因此觀察股價與成交量的關係，可以分析出目前最直接的多空趨勢。

價漲量增，價跌量縮

上漲放量，表示多頭追高意願強烈，不論空單丟出多少，多頭都照單吃下來。股價下殺，但是量縮，表示市場殺低力道有限。

此種盤勢表示多頭氣勢較強，空頭卻實力不足，不願與多頭正面交鋒。投資人宜站在多方的立場，股價只要拉回逢低即可加碼買進（圖4）。

價漲量增，價跌量縮／圖4

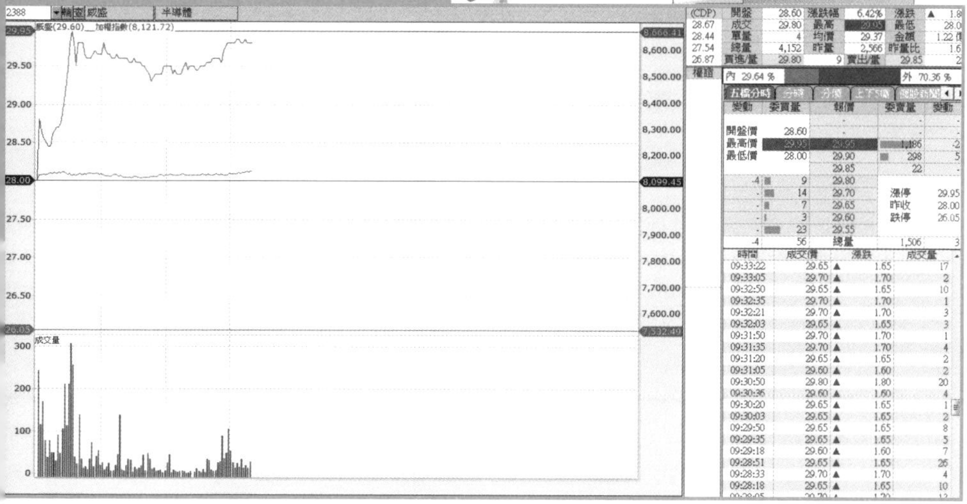

2388 威盛 半導體

(CDP)	開盤	28.60	漲跌幅	6.42%	漲跌	▲ 1.8
28.67	成交	29.80	最高	29.95	最低	28.0
28.44	單量	4	均價	29.37	金額	1.22 億
27.54	總量	4,152	昨量	2,566	昨量比	1.6
26.87	買進/量	29.80	9	賣出/量	29.85	2

內 29.64 %　外 70.36 %

變動	委買量	報價	委賣量	變動
		-	-	-
開盤價	28.60	-	-	-
最高價	29.95	29.95	1,186	-2
最低價	28.00	29.90	298	5
		29.85	22	-
-4	9	29.80		
-	14	29.70	漲停	29.95
-	7	29.65	昨收	28.00
-	3	29.60	跌停	26.05
-	23	29.55		
-4	56	總量	1,506	3

時間	成交價	漲跌	成交量
09:33:22	29.65	▲ 1.65	17
09:33:05	29.70	▲ 1.70	2
09:32:50	29.65	▲ 1.65	10
09:32:35	29.70	▲ 1.70	1
09:32:21	29.70	▲ 1.70	3
09:32:03	29.65	▲ 1.65	3
09:31:50	29.70	▲ 1.70	1
09:31:35	29.70	▲ 1.70	4
09:31:20	29.65	▲ 1.65	2
09:31:05	29.60	▲ 1.60	2
09:30:50	29.80	▲ 1.80	20
09:30:36	29.60	▲ 1.60	4
09:30:20	29.65	▲ 1.65	1
09:30:03	29.65	▲ 1.65	2
09:29:50	29.65	▲ 1.65	8
09:29:35	29.65	▲ 1.65	5
09:29:18	29.60	▲ 1.60	7
09:28:51	29.65	▲ 1.65	26
09:28:33	29.70	▲ 1.70	4
09:28:18	29.65	▲ 1.65	10

圖片來源：永豐金e-Leader

價漲量增，但成交出現連續巨量

如果成交量呈現連續大幅暴增的現象，而股價似乎有些推升不上去時，更要小心，因為股價已離高檔不遠，主力大戶已經開始逢高調節持股或進行拉高出貨。

這時你要居高思危，隨時準備出清持股，只要盤勢不對，股價跌破支撐，立即反手做空，因為這表示多頭轉弱，空頭氣勢正式轉強，行情會的轉直下（圖5）。

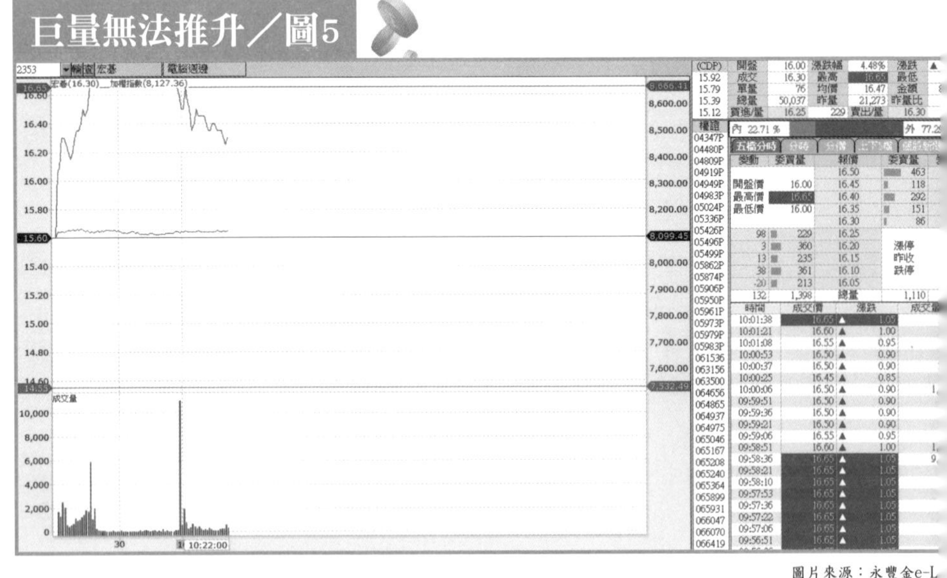

巨量無法推升／圖5

圖片來源：永豐金e-L

價漲量縮，價跌量增

下跌放量，表示空頭殺低意願強烈，不論多單丟出多少，空頭都照單吃下。股價雖有突破反轉向上，但是量並未相對放大，表示多頭反攻想要拉抬股價的力道有限。因為空頭氣勢較強，而多頭實力不足，因此多頭無法與空頭勢力對抗。若此種盤勢不斷出現，行表還有一段下跌的空間，投資人宜站在空方的立場，逢高都是加碼放空點（圖6）。

價跌量增／圖6

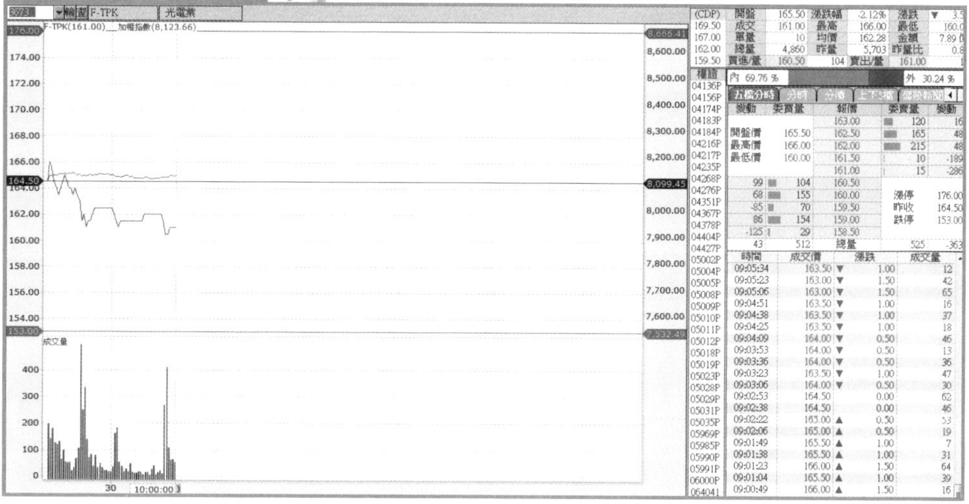

圖片來源：永豐金e-Leader

低檔換手積極

如果股價是處於低檔盤整區，只要股價不跌破箱型底部的支撐，價跌量增的現象意謂著低檔接手積極，可能有主力實戶進場介入，股價離谷底附近應該不遠，應可望止跌回穩。當股價開始持穩且量縮時，表示空方殺低的意願已經減弱，築底即將完成，多頭即將反攻（圖7）。

低檔換手積極／圖7

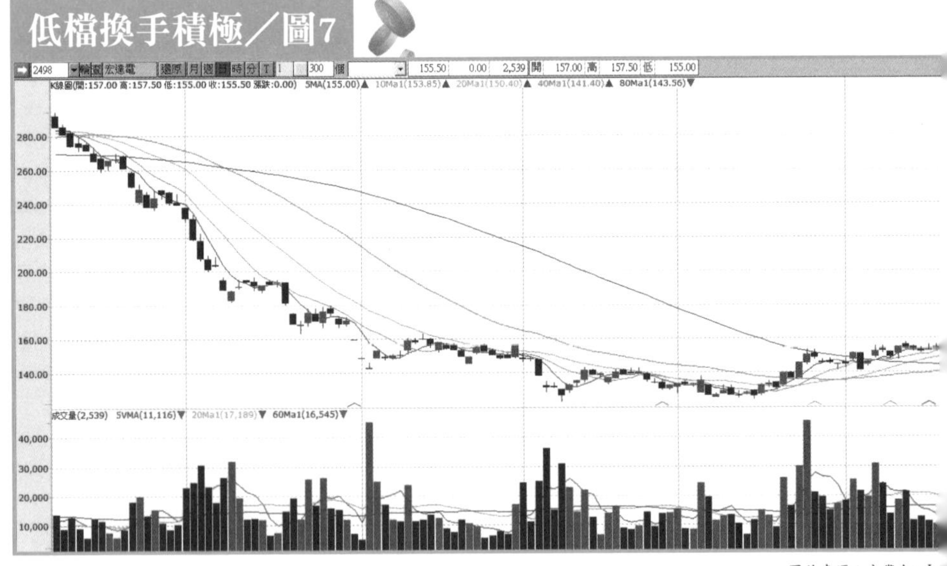

圖片來源：永豐金e-L

盤整格局的操作技巧

投資市場裡，必須時常抱持著「寧願少賺，不要多賠」的概念，才不會時常讓自己的情緒跟著股價起伏。

曾經有人做過統計，一檔股票一年的時間裡，幾乎有80%的時間都是屬於盤整時期，因此投資人即使學會多空的操作方式，但若遇到盤整期時，太頻繁地操作，反而都把手續費浪費掉了，因此投資人要懂得盤整期的操作方式，才能在股市裡永保安康。

盤局，多空勢力相仿

一檔股票，出現有時成交內盤，有時成交外盤，成交價一直在一區間盤整的現象，稱為盤局。多頭試圖拉抬股價，不過上檔卻遇到賣壓，無法突破；空頭也試圖慣壓股價，不過下檔有買氣承接。

若多頭與空頭的實力相當，則股價就會一直在這個區間整理，直到未來那一方的實力增強，或是市場上有沒有出現利多或利空消息，盤勢才有可能明朗。

股價雖在一狹幅區間盤整，但每次多頭往上攻堅或是下檔支撐都必須要花費比較多的子彈才能抵擋空頭，而空頭反壓或是殺低卻僅花費比較少的子彈，這時投資人要小心股價將可能下挫。

相反的，當空頭遇到反壓多頭或是要殺低都必須要花費比較多的子彈才能達成，而多頭要往上攻堅或是下檔支撐卻僅花費比較少的子彈就能對抗空頭，這時投資人便可準備做多（圖8）。

長線保護短線

投資人短線做久了，往往忽略了長期的走勢，因此若遇到盤整格局時，便是最好檢視長期趨勢的機會，因為短期內的盤整最終還是會往上漲或往下跌，這時投資人便可用「長線保護短線」的概念來操作。

盤局時的多空相仿／圖8

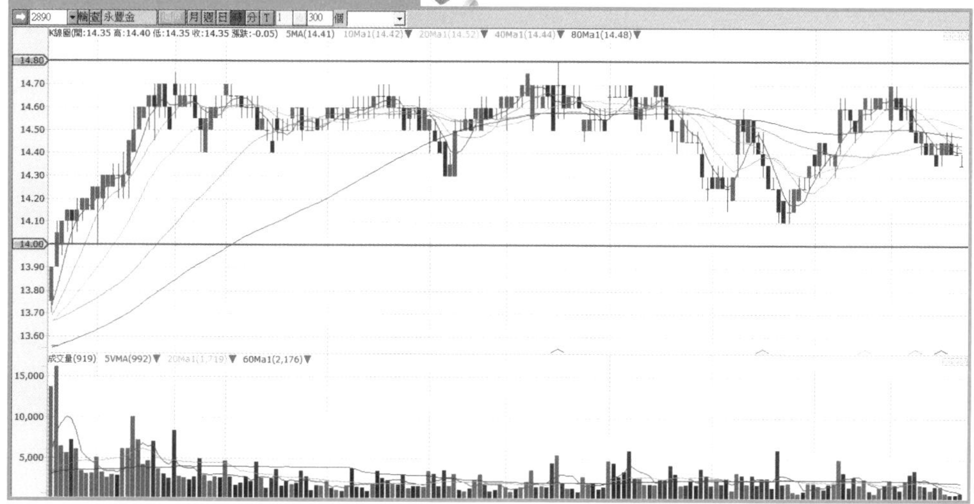

圖片來源：永豐金e-Leader

短線盤整／圖9

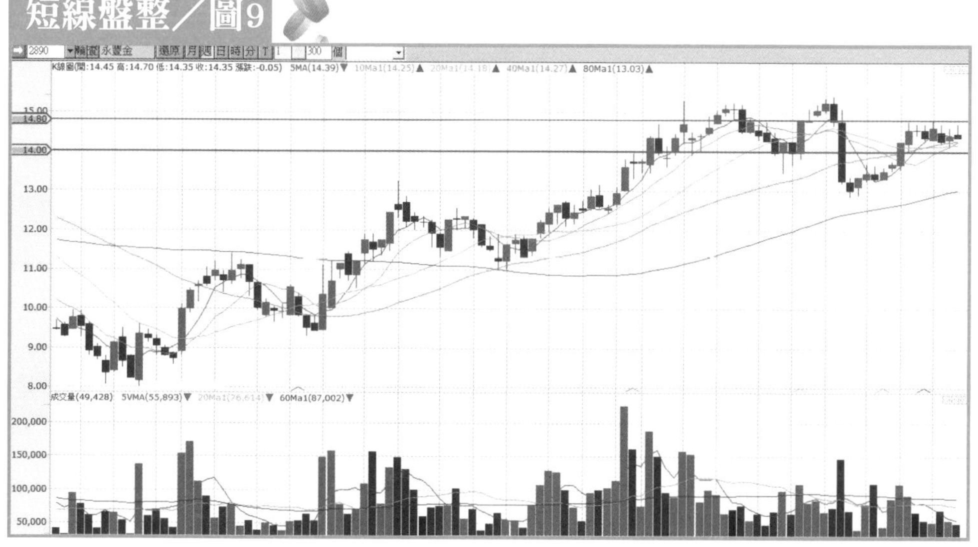

圖片來源：永豐金e-Leader

當長期的趨勢是向上，投資人便可在盤整期的低檔買進股票，當發現長期的趨勢是向下，投資人便可在盤整期的高檔區漸漸調節股票，但還有一種狀況是，投資人連長線的趨勢都無法判斷時，那麼就不如先退出市場觀望。

「現金為王」是空頭市場時的重要策略，但若無法判斷多空時，投資人也應該多多持有現金，因為在投資市場裡，必須時常抱持著「寧願少賺，不要多賠」的概念，才不會時常讓自己的情緒跟著股價起伏（圖9）。

遇到盤整期時，太頻繁地操作，反而都把手續費浪費掉了。

第三章

散戶必勝操作策略

投資人要懂得盤整期的操作方式，
才能在股市裡永保安康。

買進大盤主流股

很少人能夠真正知道底部在那裏？既然不容易得知底部的正確位置，你就不要去預設大盤的底部位置。

大盤經過中長期下跌、整理，在底部準備回升時，通常會有指標類股及個股來帶動，我們稱之為大盤主流股。如果主導漲升的指標股，能夠帶動同類股其他股票的跟進，而且這些強勢股在第二天能持續走強，則其大盤主流股的地位更為穩固，投資人此時便可大膽做多。

尋找主流股

很少人能夠真正知道底部在那裏？既然不容易得知底部的正確位置，你就不要去預設大盤的底部位置。基本上，大盤若要能夠全面翻漲，開始翻升走向多頭，而非僅為跌深行情的暫時反彈局面，盤面上就必須要有指

標股充當火車頭帶頭漲。而這個帶頭漲的指標還必須能夠帶得動同一類股的其他個股也跟著上漲，這時我們才能大致確定大盤真的是從股底翻升了。重要的是，每一波的大盤主流股漲幅起碼有50%至100%以上。

也就是說，當你確定了大盤有指標帶動開始翻升的時候，你就要趕快去搶進這一波的大盤主流股，沒有賺他個50%以上千萬不要放手。

大盤指數

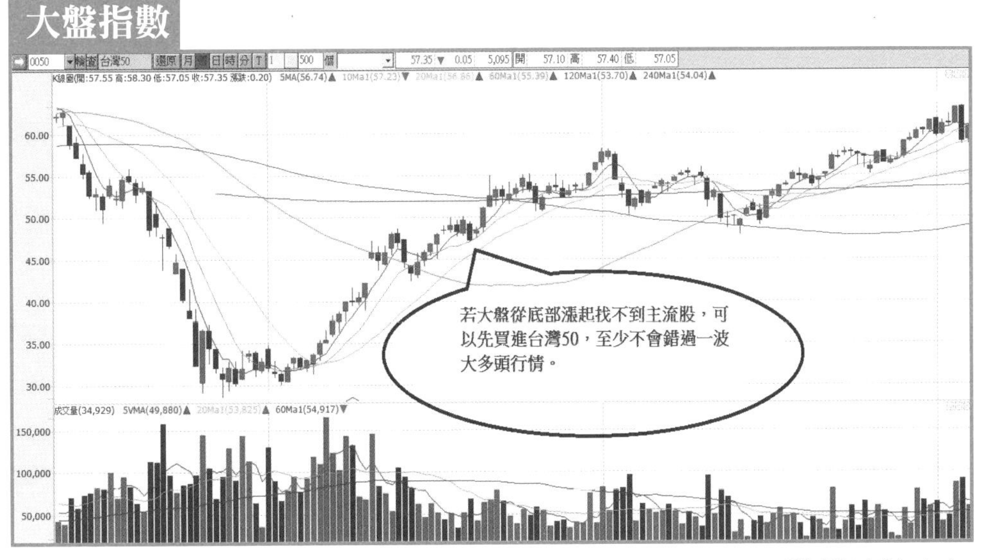

圖片來源：永豐金e-Leader

確認主流股

那我們又要怎樣才能確定某支股票或某類股是大盤主流股呢？

大盤主流股的特性，必須要能延緩第一天的漲勢而能夠續強，如果不能續強，那就意味著這次上漲只是下跌過程中的跌深反彈行情而已，你千萬不要跟進，已跟著，就要趕快下車，因為大盤仍有一段續跌的空間。

大盤趨勢的走向，是依指標股的表現而形成的，如果大盤趨勢是走多的話，那麼前一天強勢的個股會持續的走強，這就顯示出趨勢仍看漲。

反之，若強勢股未能延緩前一天的趨勢，代表趨勢有轉弱的跡象，此時你便要小心了，因為這種強勢股若只出現一日行情或輪漲速度太快，再加上其他弱勢股又頻頻破低，代表著趨勢正式轉空的現象，所以你應該要暫時觀望，不可介入做多。

致富密碼：選擇成交金額大，漲幅也大的「價量」俱揚股操作。

當大盤回檔時

當大盤主流股在這一波段的漲升行情中漲幅已經過大，短線上便會有回檔的壓力。如果說大盤主流股紛紛回檔整理，大盤指數也會跟著回檔整理，此時，若有股價在高檔盤旋的個股逆勢上揚者，很有可能是主力因為來不及出賣貨，而再將股價往上位拉升，等到未來大盤反彈時再伺機逢高出貨。

在這種情形下，如果未來大盤反彈後，股價不漲反跌，我們就可知道主力在趁機出貨，此時你也要趕快殺出持股；如果大盤反彈後，股價仍舊強勢上漲，則短線上股價還有一波行情可期，這時你可以等待相對高點再賣出股票。

此外，如果說在大盤回檔整理的時候，有股價在低檔盤旋轉的個股開始逆勢上漲，則這種股票通常可能是下一波帶領大盤上漲的主流股，此時你便可以介入此種股票。

致富密碼：挑選前一天，跌停板的個股。

致富密碼：操作熱門股與主流股，安全性高。

買進輪漲指標

新的火車頭，成為第二波的輪漲類股。

當原先主導大盤回升上攻的強勢指標股拉回整理時，若能夠有新的一批強勢指標股挺身而出，而且這一批新的強勢指標股不會受到原先強勢指標股拉回整理的影響，使得盤面能維持良好的輪漲行情，則大盤的波段行情便能繼續下去。

把握第二波輪漲股

當大盤主流股出現時，主流類股就能夠帶領著大盤上漲，但是當主導大盤上漲的強勢指標股拉回整理時，如果這時候能有新的一批強勢指標股竄升而起，再加上這一批新的強勢指標股，不會受到前一波強勢指標股拉回整理影響的話，就能夠取而代之成為新的火車頭，成為第二波的輪漲類股。

如果第二波強勢股帶動的不是同一類股的股票，而是不同產業、不同類股的股票，自己同一類股的股票反而下挫，則這樣的強勢並沒有意義，它便不能成為新的大盤主流股，因為盤面已經出現分歧。因此，你要區分是不是將有新的輪漲指標出現，你就看看剛浮現的強勢個股有沒有帶動同類股其他股票也上漲，就能夠判斷。

我們必須確定某支股票或某類股是不是能繼續帶動大盤上漲，成為新一批的輪漲指標，這時我們就要看強勢股在第二天的表現如何了。如果前一天的強勢個股不能續強，只是一日行情的話，你千萬不就不可再追高，因為盤面上已經沒有火車頭了，缺乏動力，大盤當然準備下跌了。

輪漲股的漲幅計算

若我們以大盤開始回升時為基點，來計算第一波大盤主流股與輪漲指檔的漲幅，如果說，之後帶領大盤再次上漲的輪漲指標，其漲幅大於第一波大盤主流股的漲

致富密碼：選擇最有行情的旺季來操作。

幅，代表輪漲指標的氣勢比較強，只要輪漲指標不斷出現，且一次比一次強勢，則這個盤勢便是走大多頭格局，這時若你一開始便買進輪漲指標者，獲利至少在50%到100%之間。

相反如果之後帶領大盤再次上漲的輪漲指標其漲幅小於第一波大盤主流股的漲幅，代表輪漲指標的氣勢那麼強，但至少仍有30%到50%之間的獲利。

因此，錯過第一波大盤主流股的投資人，就不可以再錯過第二波的大盤主流股了，在漲升之初時積極搶進者，獲利至少在30%到100%之間。

波段行情的訊號

當主導大盤上漲的強勢指標股，開始拉回整理，並且有轉弱的跡象，若在此時沒有新的強勢指標股繼之而起領導大盤的話，那麼由於大盤未能維繫住良好的輪漲脈絡，因此這個波段漲勢恐怕將結束了。

由這整個過程看來，你便可以判斷出，大盤如果要做多，須要有指標帶頭上漲，這樣力道才能持久，沒有

食品類股

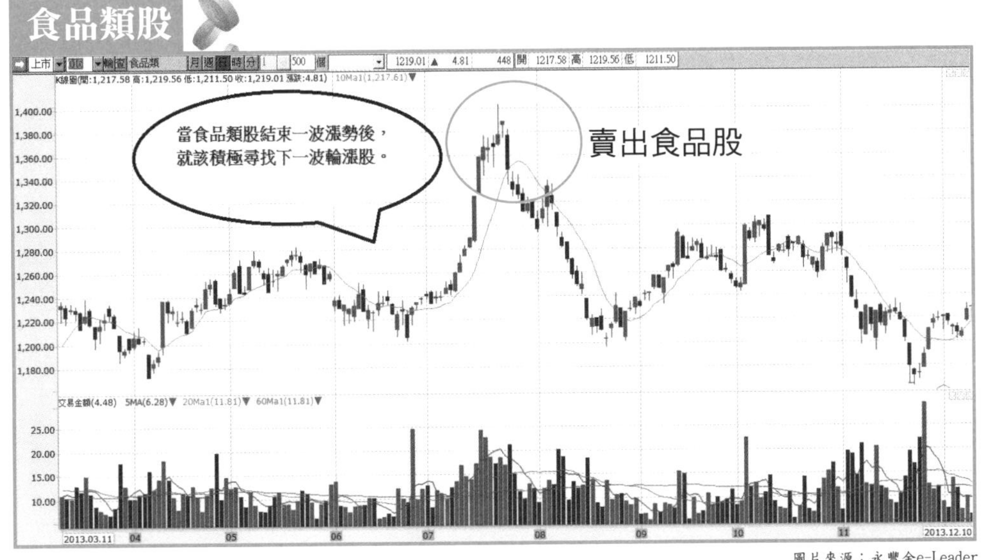

圖片來源：永豐金e-Leader

紡織類股

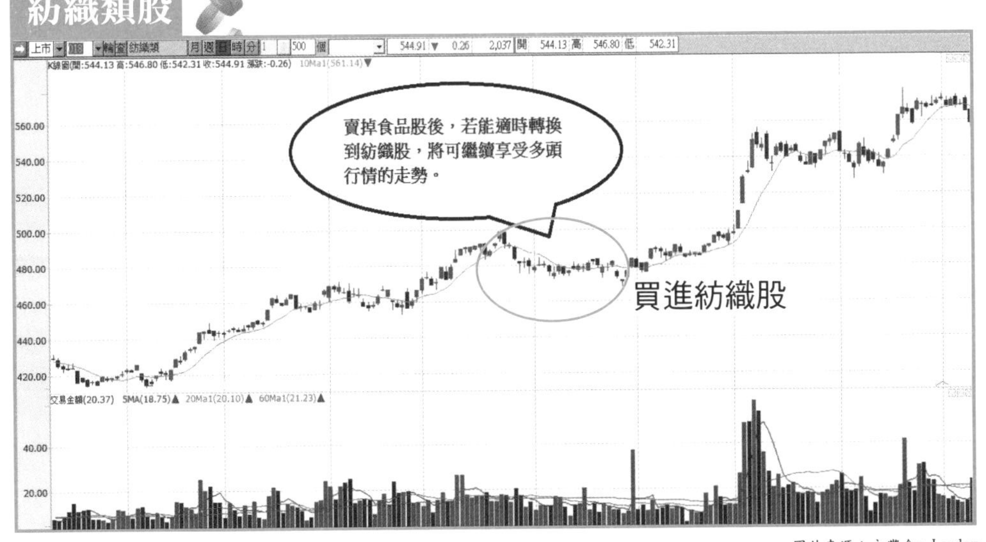

圖片來源：永豐金e-Leader

大盤主流股充當火車頭拉抬整體的氣勢，而只有分散的股票獨力逆勢上揚，這樣的漲升行情沒有多久又要反轉向下了。

總之，健康的多頭行情，最好是有不同類股來拉升不同段的大盤漲幅，假如遲遲沒有主流類股來帶動大盤，那麼大盤輕則陷入盤整，重則將開始反轉向下，結束這波多頭行情，因此是否有主流類股領漲，將是波段行情是否繼續的重要訊號。

只要輪漲指標不斷出現，且一次比一次強勢，則這個盤勢便是走大多頭格局。

致富密碼：在空頭市場，先賣後買容易獲利。

如何買到飆股

搶進強勢股，弱勢股千萬不要去碰。

大盤欲從底部反轉向上攻時，盤面總會出現少數個股領先大盤指數強勢表現，這種領先竄升而起的個股，往往在未來的波段漲勢中，必能躍登漲幅前十名的排行榜中。

可見我們在大盤處於築底蘊釀漲升之時，擇股的技巧很簡單，就是寧願以漲停價搶進強勢股，千萬不要為了怕風險而去買那些盤整不動或跌勢未止的弱勢股，因為買到這種股票的下場，不是只能賺些小錢，就是絕大多數都會賠錢。

如何尋找飆股

對投資人來說，是為困難的是，怎樣才能尋獲強勢股？或是強勢股的表現究竟如何？如果大盤上漲，股票也上漲，那它還是強勢股嗎？看盤雖然有多項技術指標可以參考，但如何能立即由盤面上就研判出強勢股與弱勢股，對投資人而言是相當重要的。

因為你要買股票就要搶進強勢股，弱勢股千萬不要去碰。不過，飆股時常是可遇而不可求，一般人很難、也不太知道那一支股票是所謂的飆股，但是只要你抱到飆股，搭著這趟順風車，獲利起碼一倍以上。

之前我們曾經提過，你只要看看帶頭漲的股票能不能夠帶動同一類股其他股票也跟著上漲？如果有，再加上這些強勢股票在第二天能否續強？如果是，那麼這些大盤主流指標將扮演大盤止跌揚升的火車頭，在此時你要趕快進場搶進大盤主流股，獲利起碼在50%至100%以上。

而在大盤主流股確立之前，人氣指標往往會率先盤面個股或類股呈現上漲的局面，如果某支股票其人氣指標的地位確立，它的波段漲幅會大於第一波大盤主流股的波段漲幅，至少一倍至三倍。判斷人氣指標的技巧很簡單，當大盤止跌揚升時，若有股票率先呈現漲停者，你就趕快先進場搶進這支股票。

但是請留心，當你搶進第一支漲停板的股票，並不代表你一定搶到了人氣指標的飆股，但是飆股往往有一個特性，就是通常在底部浮現的強勢指標股，只要能夠維持第二天的續強走勢，而且日後股價若拉回也不會跌破第二天收盤價者，或是能夠呈現第三天續強走勢。

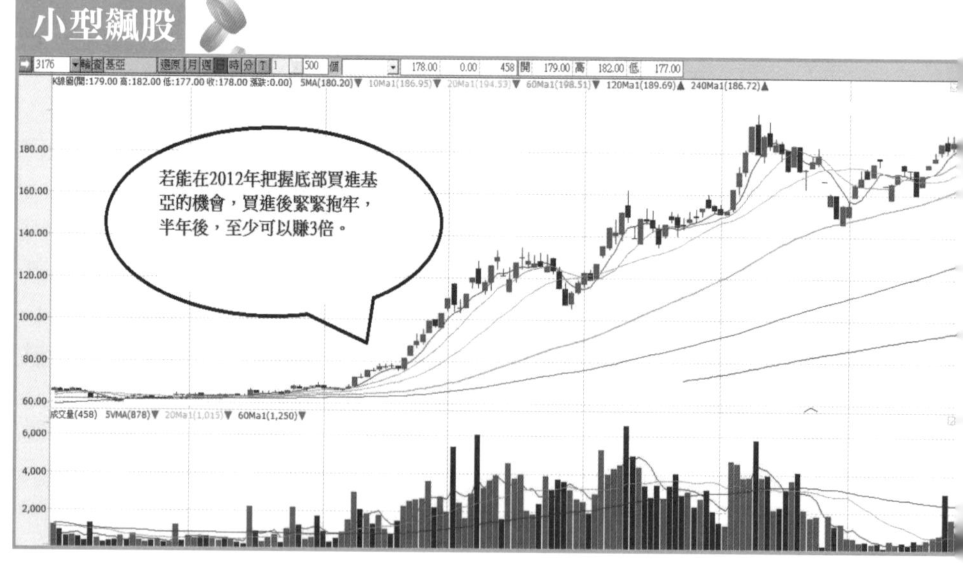

圖片來源：永豐金e-Lea

明天可隔日沖，
開盤就賣出。

今天買到的強鎖漲停。

致富密碼：搶到強勢股，隔日沖的獲利更高。

而且股價震蕩拉回不破第三天收盤價者，配合大盤整體從底部回升，資金再度流回股市的力道，將使得人氣指標的漲幅至少在一倍至三倍之間。

買進技巧

大盤處於谷底區或漲升的回檔過程中，盤面上第一支漲停的個股，通常都有要會成為飆股，投資人此時就要先當機立斷搶進。

立即搶進除了可以先占一席以外，更重要的是你有機會買到飆股的起漲點。如果等到它真的是飆股時，到時你要搶進恐怕也買不到了，只能眼睜睜地看著飆股一直往上漲停。

買進後所要觀察的是，在第二天是否還能拉出一根漲停或持續成為盤面強勢個股，而且在第三天不跌破第二天的收盤價，則它成為飆股的地位便告確立。

這時候，買進這支飆股的你只要死抱著它即可，隨著大盤回升，股市資金動能回籠後，飆股的強勢漲升將高過於大盤其他個股，甚至大盤主流股，漲升幅度可高

如何買進股票

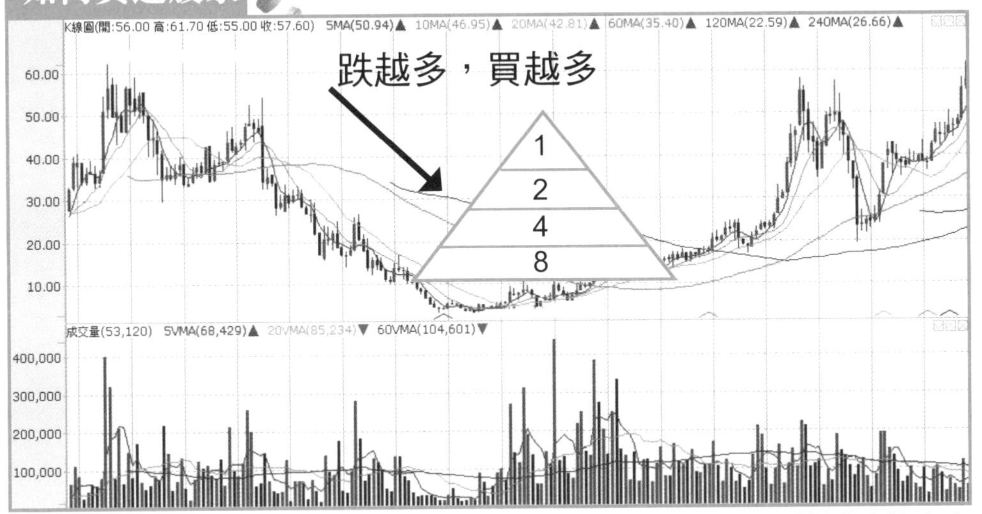

圖片來源：永豐金e-Leader

如何賣出股票

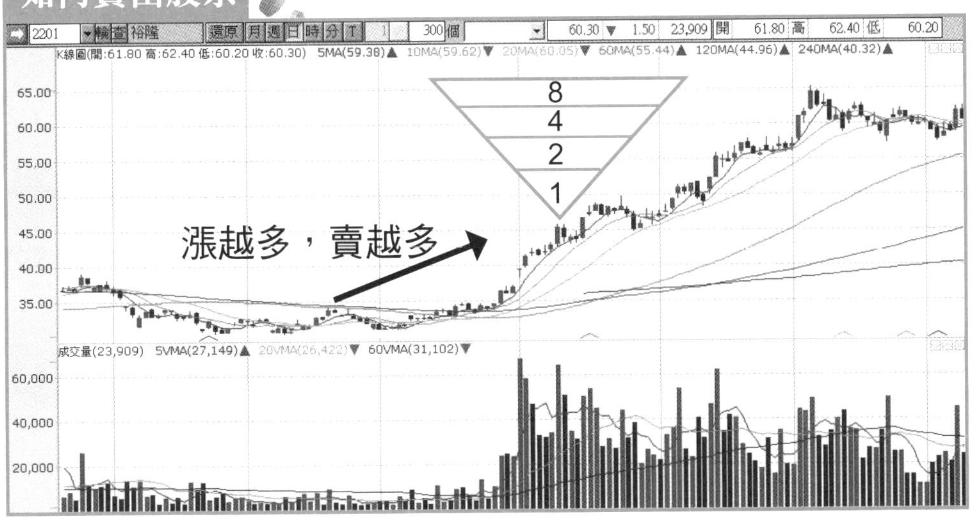

圖片來源：永豐金e-Leader

達一至三倍以上，等到它上漲超過一倍以上你再出貨反手賣出也不遲。

如何能立即由盤面上就研判出強勢股與弱勢股，對投資人而言是相當重要的。

第四章

從當沖學放空

初學放空者若還不習慣放空操作的話，可以從短線當沖來練習。

認識開盤八法

開盤八法是以開盤的前三根K棒，來預測判斷當天江波圖走勢。

初學放空者若還不習慣放空操作的話，我建議可以從短線當沖來練習，因為當沖的輸贏資金頂多幾千元，但是卻可以藉以練習短線看盤的功力，而要了解當沖，就必須認識一個最適合短線進出操作的法寶：開盤八法。

開盤八法

開盤八法是以開盤模式的前三個5分鐘的走勢圖來取樣，分別以9:05、9:10、9:15等三單位時間，所形成的K棒來加以分析當日的走勢預測。

利用開盤模式的取樣，以其每單元加權指數對前一單元比較，所呈現的排列組合，共有八種組合，稱為「開盤八法」。

由於開盤八法是以開盤的前三根K棒來判斷，因此本節即已三根K棒和簡單的敘述，讓讀者能用淺顯易懂的圖形，輕鬆學會開盤八法。

了解當沖，就必須認識一個最適合短線進出操作的法寶：開盤八法。

1.一點漲盤為壓力盤

開盤方式	口訣	K線排列	當日盤勢預測	多空操作
1漲2跌	漲、跌、跌	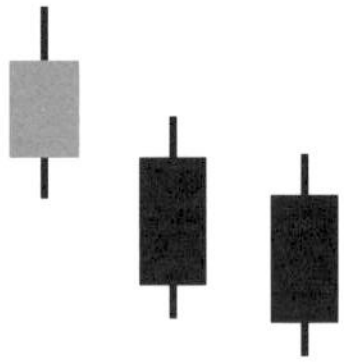	收上影線黑K	做空

2.二點漲盤為中紅盤

開盤方式	口訣	K線排列	當日盤勢預測	多空操作
1漲2跌	漲、跌、跌	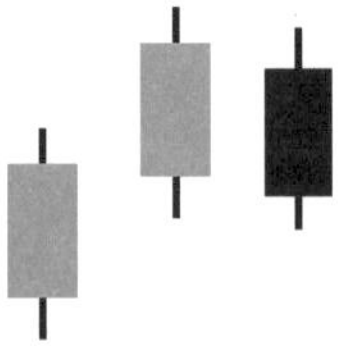	震盪往上	做多

3.轉折二點漲盤為中長紅盤
口訣：轉折二漲中長紅（漲）（跌）（漲）

開盤方式	口訣	K線排列	當日盤勢預測	多空操作
1漲1跌1漲	漲、跌、漲		橫向盤整	觀望不操作

4.三點漲盤為長紅盤

開盤方式	口訣	K線排列	當日盤勢預測	多空操作
連三漲	漲、漲、漲		收中長紅K	做多

5.一點跌盤為承接盤

開盤方式	口訣	K線排列	當日盤勢預測	多空操作
1跌2漲	跌、漲、漲	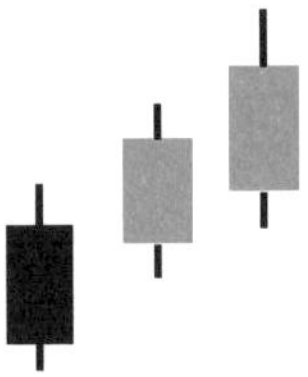	收下影線紅K	做多

6.二點跌盤為無為盤

開盤方式	口訣	K線排列	當日盤勢預測	多空操作
2跌1漲	跌、跌、漲	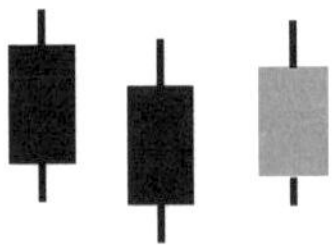	震盪往下	做空

7.一點漲盤為壓力盤

開盤方式	口訣	K線排列	當日盤勢預測	多空操作
1跌1漲1跌	跌、漲、跌		橫向盤整	觀望不操作

8.三點跌盤為長黑盤也是反彈盤

開盤方式	口訣	K線排列	當日盤勢預測	多空操作
連三跌	跌、跌、跌		收中長黑K	做空

當沖的訊號

以個股和大盤的走勢比較，來當作當沖交易的訊號。

要想成功進行當沖交易，就是要懂得面對不同的盤勢，以「快進快出」的進行操作，因此投資人必須在一開盤時就要先用開盤八法來判斷當天的走勢，再根據個股與大盤的順利或逆勢關係來進行操作。

個股與大盤順勢的操作

個股與大盤順勢意思就是，當大盤上漲時，個股也跟著一起上漲，而當大盤下跌時，個股跟著一起下跌，這時當沖操作就要採取順勢操作的策略。當大盤上漲時，這時選股策略可分為兩種，一種是「強中強」的股票，這類型的股票是以領先大盤過高的姿態上漲，投資人可以選擇以當日買進賣出的當沖策略，若盤中漲停鎖死到收盤，建議還可以續抱至隔日開盤再賣出。

但是有些個股當大盤下跌時反而加速下跌，這可以歸類為「弱中弱」的股票，這類型的股票的跌幅經常動不動就見到跌停板，投資人可以選擇一開盤小漲時就直接空，倘若開低，則可選擇盤中有高點時再放空。

個股與大盤順勢的操作

個股與大盤比較	順勢	
選股策略	強中強	弱中弱
訊號	領先大盤過高	領先大盤創低
當沖交易策略	作多	作空

個股與大盤逆勢的操作

個股與大盤逆勢意思就是，當大盤上漲時，個股不漲反跌，而當大盤下跌時，個股卻反而上漲，這時當沖操作就要採取逆勢操作的策略。

逆勢操作一樣是觀察個股是屬於「強中強」或「弱中弱」的股票，當大盤創新低，個股沒創低反創新高，那麼就採取作多的策略，而當大盤創高，個股沒過高，反而持續破底，那麼就採取作空的策略。

個股與大盤逆勢的操作

個股與大盤比較	逆勢	
選股策略	強中強	弱中弱
訊號	大盤創新低，個股沒創低反創新高	大盤創高，個股沒過高，反而持續破底
當沖交易策略	作多	作空

當沖買賣SOP

了解當沖SOP，才能冷靜操盤。

當沖買賣的流程，其實本書或多或少都有提到，但為求完整性，本節即把當沖買賣的SOP，做一個完整的整理。

1：找主流

股市資金只有一套，因此資金總是在各個族群輪動，今天漲電子，金融和傳產就休息，若今天漲金融，那麼電子類股的成交比重也會降低。所以要成功當沖，就是要了解當天的資金往哪個類股走，最簡單的方法就是運用目前很多的看盤軟體，在開盤10分鐘內，就可找出當日的主流族群，藉此準備好當天當沖的標的族群。

而且投資人不用擔心電子類股這麼多股票，要如何選股，因為現在很多券商軟體還可看出電子類股的各項族群。

例如太陽能、機器人、電動車等族群，所以投資人只要選擇好類股後，就可把當沖的標的股票，縮小到10檔以內。

2：預估量比昨日大

找到主流族群之後，接下來便是要鎖定當天優先進出的個股，例如某一天的電動車類股很強，當中會有個股在當天就領先衝至快漲停板，這時投資人不必要去追這檔個股，反而應該找其他當天還未上漲的個股。因為股票上漲需要有量才能上攻，所以選擇的個股要以預估量比昨日大的個股，這便是很好的介入的標定個股（圖10）。

3：定價與定量

因為目前股市個股的漲跌幅為10%，而且有些ETF為了配合國際指數，甚至沒有漲跌幅漲跌幅的限制，所以當投資人選擇好個股後，並不是一次把所有的資金全部投入，而是必須以定價和定量的方式來做買賣。

此外，筆者本來還犯過一次嚴重錯誤，就是把價格和張數輸入後，就直接按交易，結果我當日是要「先賣再買」，我卻按到「買進」的選項，結果成交後，只能趕緊再按「賣出」。因此提醒投資人在下單前，一定要再三確認交易的各種選項，寧願慢點交易，也不要求快而讓自己賠掉不該賠的錢。

選好主流，再選個股／圖10

台灣-太陽能指標 ▾

商品	代碼	買進	賣出	成交	漲跌	漲幅%	單量	總量	委買	委賣	昨收	內外盤比圖	均價	股本	盈餘	市值
>>茂矽	2342	2.40	2.41	2.41↑	▲0.04	+1.69	45	65	33	54	2.37		2.41	47.23	-0.26	9.0
國碩	2406	24.85	24.90	24.85↓	▼0.35	-1.39	1	2281	25	39	25.20		25.10	33.89	0.71	82.5
益通	3452	11.65	11.75	11.70=	▼0.15	-1.27	1	536	211	13	11.85		11.70	77.94	0.00	91.2
昱晶	3514	25.85	25.90	25.90↑	▼0.25	-0.96	2	13487	79	28	26.15		26.17	44.96	1.16	116.4
綠能	3519	21.75	21.80	21.75=	▼0.35	-1.58	8	4113	38	57	22.10		21.97	41.43	0.94	70.0
昇陽光電	3561	18.85	18.90	18.90↑	▼0.10	-0.53	2	1261	31	65	19.00		18.97	37.13	0.69	70.2
頂晶科	3562	2.89	3.45	2.88	▼0.28	-8.86	2	2	2	3	3.16		2.88	5.24	-0.29	1.5
新日光	3576	17.65	17.70	17.65=	▼0.15	-0.84	1	3585	105	48	17.80		17.82	101.80	0.13	179.7
盈正	3628	44.35	44.50	44.35↓	▼0.15	-0.34	1	11	1	2	44.50		44.42	4.50	-0.33	20.0
達能	3686	8.46	8.49	8.46↓	▼0.07	-0.82	5	691	8	1	8.53		8.54	34.96	-0.21	29.6
碩禾	3691	495.5	496.0	495.5=	0.00	0.00	9	270	1	4	495.5		499.12	6.10	10.03	302.2
太極	4934	17.90	17.95	17.95=	▼0.15	-0.83	1	1911	127	11	18.10		18.07	35.65	0.59	59.5
中美晶	5483	35.70	35.80	35.75=	▼0.30	-0.83	1	1190	21	10	36.05		36.03	58.01	0.36	207.4
台晶	6182	10.05	10.10	10.05=	▲0.11	+1.11	4	1592	20	42	9.94		10.11	41.32	-0.18	41.5
茂迪	6244	33.40	33.45	33.45=	▼0.05	-0.15	6	4259	47	4	33.50		33.81	48.86	1.68	163.4
元晶	6443	13.30	13.35	13.30=	0.00	0.00	1	2244	273	134	13.30		13.38	42.69	0.55	56.8
安集	6477	22.30	22.40	22.30↑	▼0.40	-1.76	1	329	4	5	22.70		22.25	8.12	0.06	18.1
陽光能源-DR	9157	1.02	1.08	1.08↓	0.00	0.00	2	4	7	9	1.08		1.09	1.17	--	1.3

圖片來源：永豐金e-Leader

4：分批買賣

投資人若有30萬，大多數會一次就買進30萬的股票，但若懂得資金控管，可以選擇分三次買進，一次買進10萬，甚至還可以選擇分10次買進，每次買進3萬，運用分批買賣的策略，可以在中途買賣時，隨時執行停損的動作。

因為無論你對行情多有把握，在股票市場要長長久久，最重要的就是在看錯行情時，可以停損保護自己的資金，但很多人會在需要停損時無法停損，最重要的就是沒有做好資金控管。

若以停損10%來計算，30萬的停損金額為3萬，10萬的停損金額為1萬，3萬的停損金額為3,000元，由此看來，懂得資金控管，停損金額可以相差超過10倍，這對當沖的投資人來說，可是非常大的差距。

第五章

用當沖
短線長線兩頭賺

當股票利多公布時，代表很多人已經搶進股票，股票反轉下跌的機率便增加，投資人這時要趕緊準備出場，以免當最後一隻老鼠。

熱門當沖族群

若開盤有主力大戶和業內進場的跡象，即可以跟著他們一起進場。

台北股市有上千檔股票，每天上漲和下跌的股票都不同，投資人面對這麼複雜的股票族群，要如何選擇正確的當沖族群，必須在平常時候就把這些族群歸類好，若開盤有主力大戶和業內進場的跡象，即可以跟著他們一起進場當沖或隔日沖。

大戶熱門族群

主力大戶和業內會操作的標的，主要分為兩個族群，一是趨勢向上的股票，採偏多操作，另一個則是趨勢向下的股票，採偏空操作。

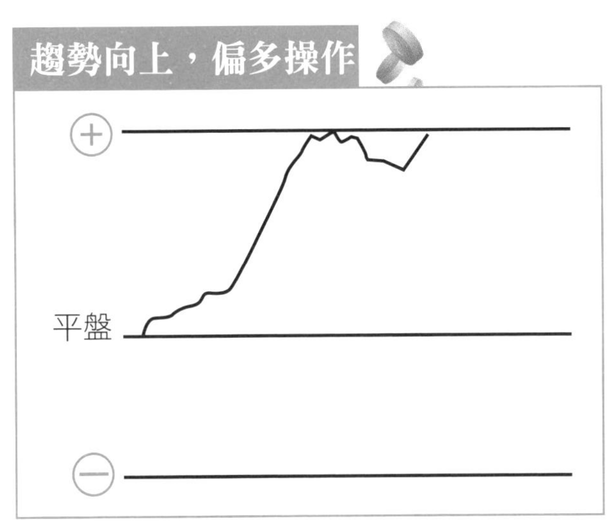
趨勢向上，偏多操作
+
平盤
−

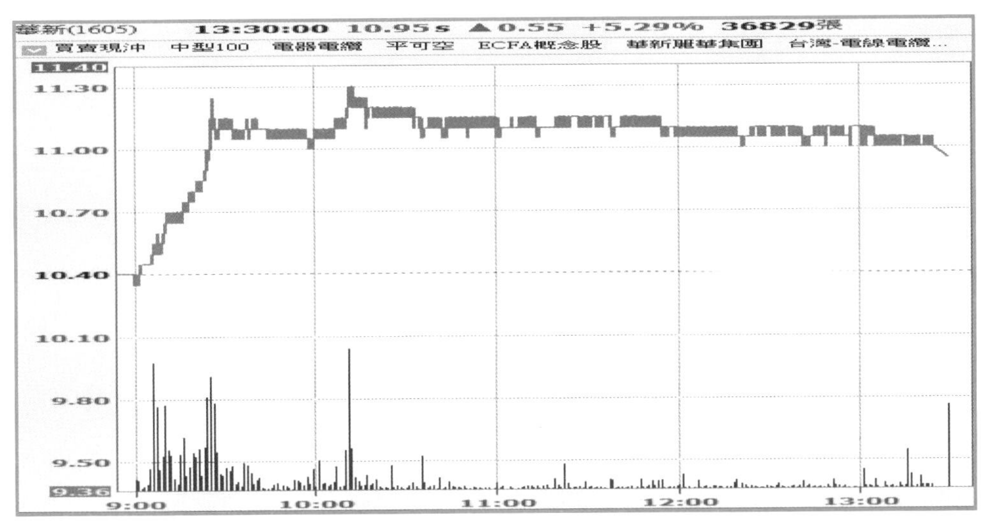
華新(1605) 13:30:00 10.95s ▲0.55 +5.29% 36829張
買賣現沖 中型100 電器電纜 平可空 ECFA概念股 華新麗華集團 台灣-電線電纜...
11.40
11.30
11.00
10.70
10.40
10.10
9.80
9.50
9.36
9:00
10:00
11:00
12:00
13:00

偏多操作的股票，由於當沖量很大，所以會讓股價有助漲的效益，相反，偏空操作的股票，則會讓股價助跌。

建立正確的當沖心態

當沖的心態最怕的是，當作多一檔股票，本來今天追到高點賠錢，但K線留了一根下影線，心裡想說這檔股票的EPS很好，因此決定留倉，這就是當沖最糟的心態，因為當沖本來就是短線操作，EPS或財報等資訊適用於長線投資，這樣心態就非常不對了。

正確當沖的心態其實很簡單，就是「不留倉」，也就是要麼不進場，一進場操作的話，當天一定要找點位出場，別因為套牢就說服自己要改作隔日沖或長期投資，隔天開盤若不如預期，只會讓自己的操作越來越亂。

既然決定要當沖，不管今天是做多做空，輸贏今天就結算，不要留到明天，更不能對股票有感情，這樣才能讓自己的當沖操作長長久久。

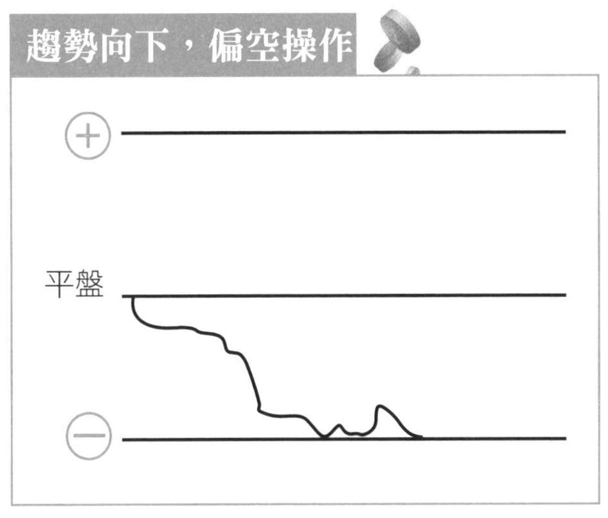
趨勢向下，偏空操作
平盤

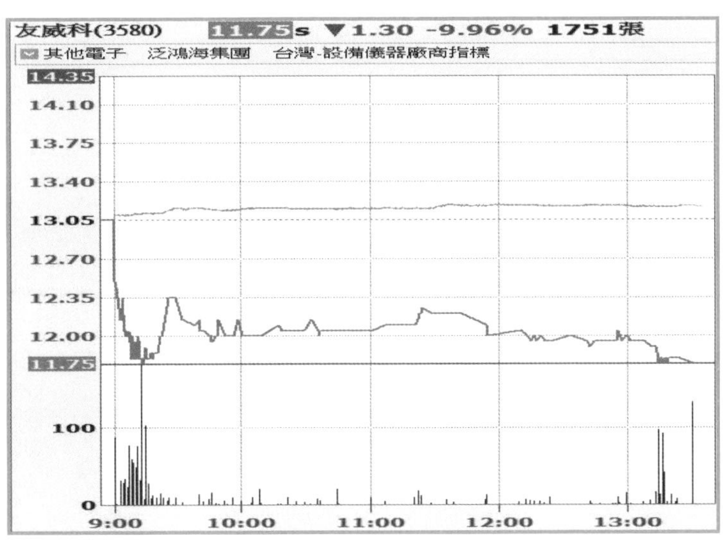
友威科(3580) 11.75s ▼1.30 -9.96% 1751張
其他電子 泛鴻海集團 台灣-設備儀器廠商指標
14.35
14.10
13.75
13.40
13.05
12.70
12.35
12.00
11.75
100
0
9:00
10:00
11:00
12:00
13:00

以長線保護短線

當沖客會選擇留倉作短波段，而不局限於只做當沖。

如果你一開始就打定純粹只做當沖，那麼你的失敗率將會超高，因為有太多家破人亡的例子，都是從做短線或當沖開始的。

正向與負向

「股市當沖」這投資工具本身沒有錯，關鍵在於投資人是否善於運用，個股當沖可分為「正向」與「負向」，而這比較對象則是大盤，讓我們來複習一下當沖操作的步驟：

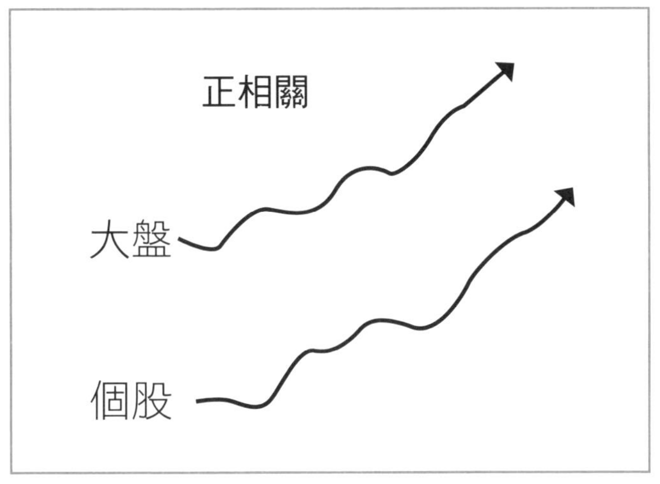

正相關
大盤
個股

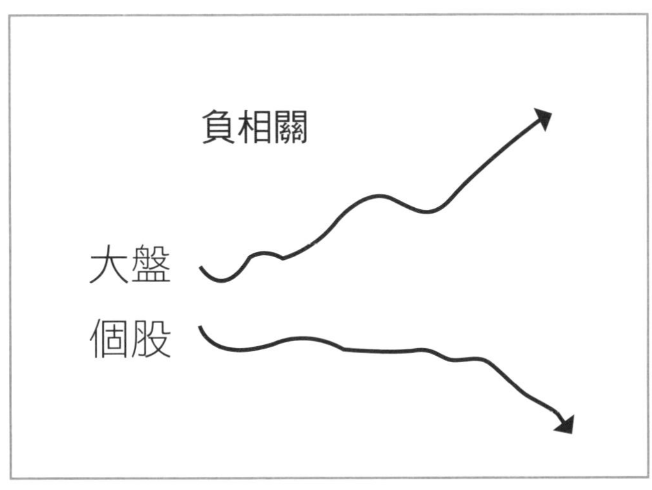

負相關
大盤
個股

1. 找當日主流族群
2. 找出量比昨日還高的個股
3. 觀察個股與大盤正向或負向，決定是否留倉。

一般當沖新手可能停留在第二階段就決定進場，並且當日決定輸贏，但對於投資贏家來說，當日的獲利還不夠，因為當一檔個股發動了第一根紅K棒開始上漲，那麼當沖客會選擇留倉改作短波段，而不局限於只做當沖。

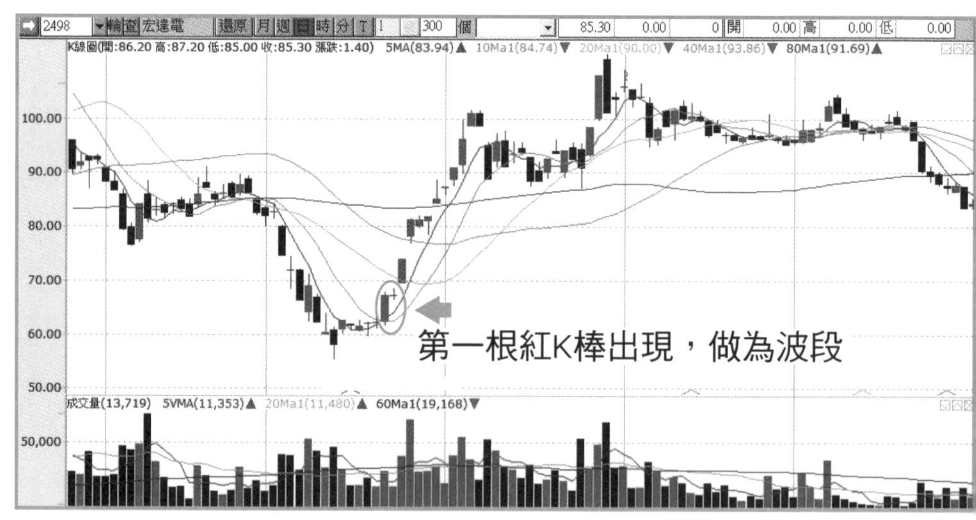

圖片來源：永豐金e-Leader

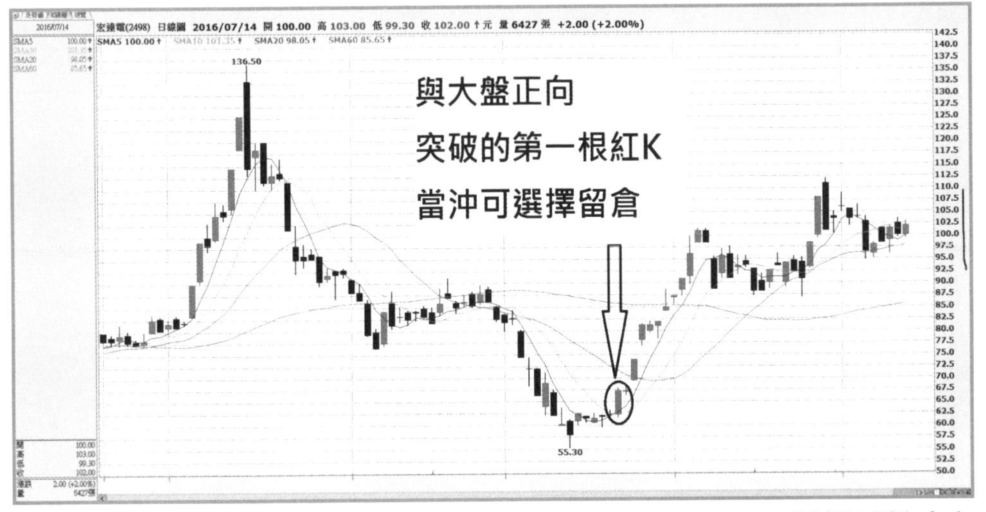

圖片來源：永豐金e-Leader

分批布局，局部留倉

俗話說：「人算不如天算。」不管事前規劃如何完備，當沖客都必須要以風險考量為優先，因此若已經是個當沖老手，那麼會以「分批布局，局部留倉」的操作來保護自己。

如圖所示，當沖客若在第一根紅K棒成功搶進，當日也有賺到錢，但是又不確定是否可留倉，那麼可以選擇局部留倉，例如買了5張，可選擇2張留倉，3張獲利出場，這樣後續的盤勢不管是漲是跌，投資的心理壓力便小了許多。

不管事前規劃如何完備，當沖客都必須要以風險考量為優先。

短線助攻長線

避開短線震盪，還能在波段上漲中獲得利益。

當股票波段正在上漲時，由於不知股票的高點盡頭，這時可用短線短進短出，不只可控制風險，還能讓成交量滾出來，有助於多頭的持續上攻。

用當沖切入波段買點

當一檔股票的長線指標翻多時，通常都會有一大段漲幅，但由於股價驚驚漲，投資人想跟上又怕買到高點，這時便可在股價回檔時切入買進，如圖所示，圓圈處即是短線切入的買點。

連漲後不宜留倉

跑步跑久了會喘會累，股票也是如此，股價上漲不會無止盡，總有震盪整理的時候，當一檔股票已經連續上漲3根以上的紅K後，投資人若想要在追多的話，那麼以當沖為宜，不只可避開短線的震盪，還能夠在波段上漲中獲得利益。

股票波段上漲的判斷，主要是觀察股票上漲的利多尚未被市場接受時，這時投資人還要觀察股價是否站穩月季線之上，那麼當股價壓回，而成交量也開始縮下來時，這時的均線會走平延長，投資人可以介入或加碼。

但要注意的是，當股票利多公布時，這代表很多人已經搶進股票，股票反轉下跌的機率便增加，投資人這時要趕緊準備出場，以免當到最後一隻老鼠。

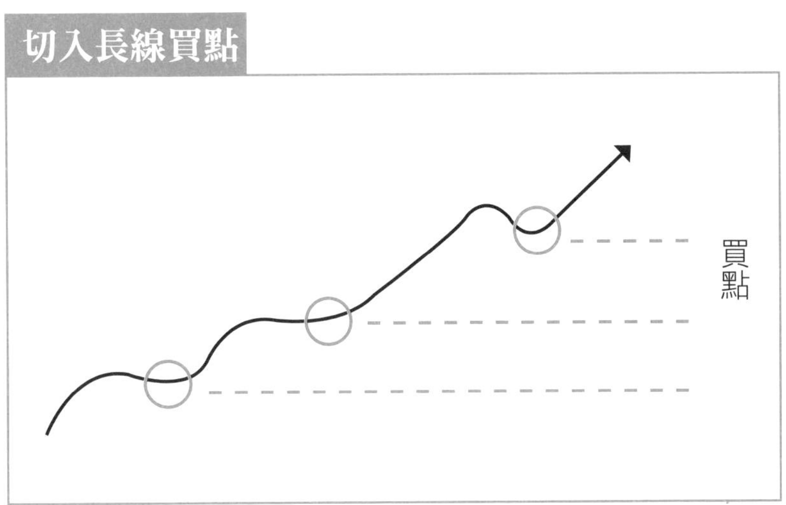

切入買點當日操作

盤中江波圖	K線形態
買進區	買進區

整理完後,量增價漲

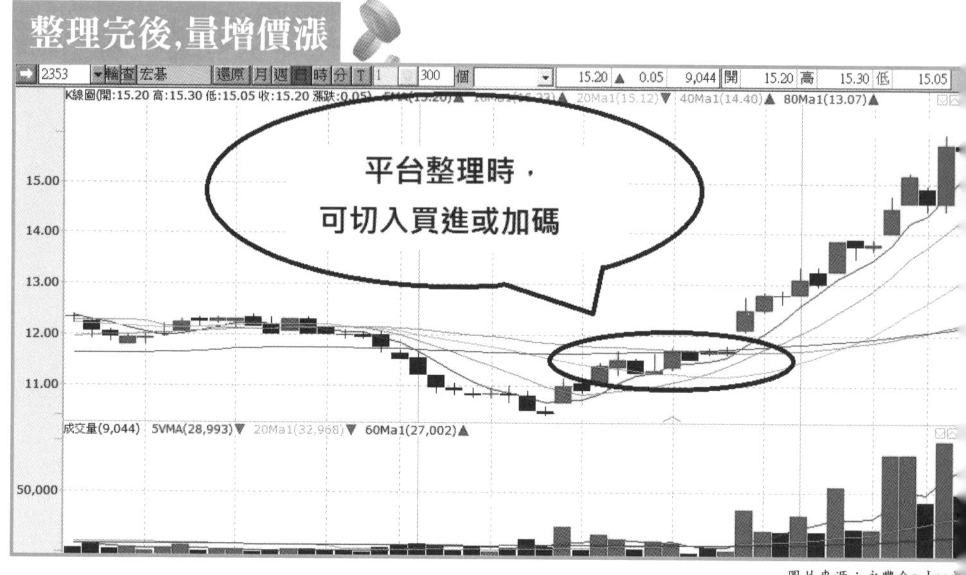

圖片來源：永豐金e-Lead

密切觀察量價關係

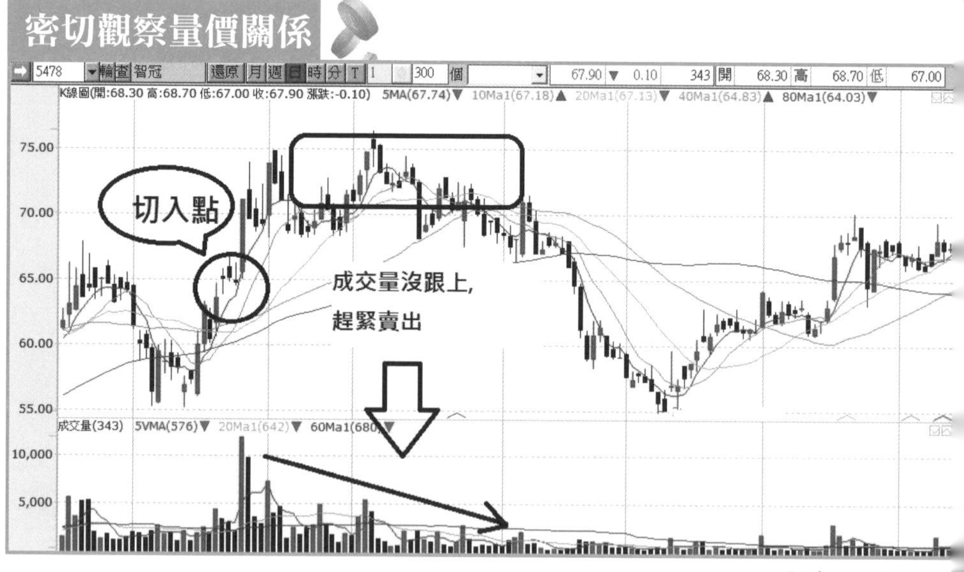

圖片來源：永豐金e-Lead

第六章

崩盤放空策略

股市有句話說：「趨勢很難轉變，
當一旦轉變時，就很難再轉變。」

認識股市拉回與崩盤

當股市開始跌跌不休時，再怎麼不甘願，也要將股票停損出場。

對投資人來說，只要你在股市待得越久，你一定會遇到股市崩盤，不管股市大多頭走了多久，股市崩盤總是會來臨，而能在股市崩盤中全身而退的人，就可分別出誰是一時的勝者和長期的贏家。

股市贏家的分水嶺

股市就像春夏秋冬，有很熱的股市行情，當然也有很冷冰的行情，不斷上漲的股票，就像是很熱的天氣，不斷激起投資人的熱情，而當股市崩盤時，就像是冷冰冰的天氣，不只讓身體冷，還更可能冷風刺骨。

因此投資人要學習崩盤時如何生存，這並不是要投資人時時看壞後勢，而是要遲早會來到的股市寒冬，做好抗寒技巧的準備，就像在夏天時，可以用折扣的價格買到冬裝，而不用等到冬天來臨時，才匆忙地去買大衣穿。

股市有句俗語：「會買股票的是徒弟，會賣股票的才是師傅。」這就像是比喻會在多頭上漲時買股票的，只是正在學習的徒弟，但當空頭來臨時，懂得放空的才算是股市的大贏家，所以會認清股市何時將大跌，將是投資人是否能夠成為股市贏家的分水嶺。

勿把拉回當崩盤

股市有大漲也有大跌，不是股市大跌就叫崩盤，當股市多頭拉回時，通常都是又快又急，投資人很容易誤以為是崩盤，殊不知這只是多頭的拉回修正，當修正完後，多頭將持續上漲。

我相信投資人都會在股票大跌時，希望只是拉回而不是空頭的開始，所以我會以一個指標來判斷，一般來說，當我要判斷是否拉回或空頭的崩盤，我會以拉回幅度是否跌破高點的20%，若是跌幅小於20%，那麼我會在拉回時找買點，而不是慌亂地賣股票。

當股市崩盤時

若跌幅超過20%，那麼我會開始轉換成空頭的操作思維，開始將股票出清換現金，並且開始進行放空的操作。

股市有句話說：「趨勢很難轉變，當一旦轉變時，就很難再轉變。」因此當股市開始跌跌不休時，再怎麼不甘願，也要將股票停損出場，因為在股市裡，比的不是誰賺得比較多，而是誰賺得比較久。

認清股市何時將大跌，將是投資人是否能夠成為股市贏家的分水嶺。

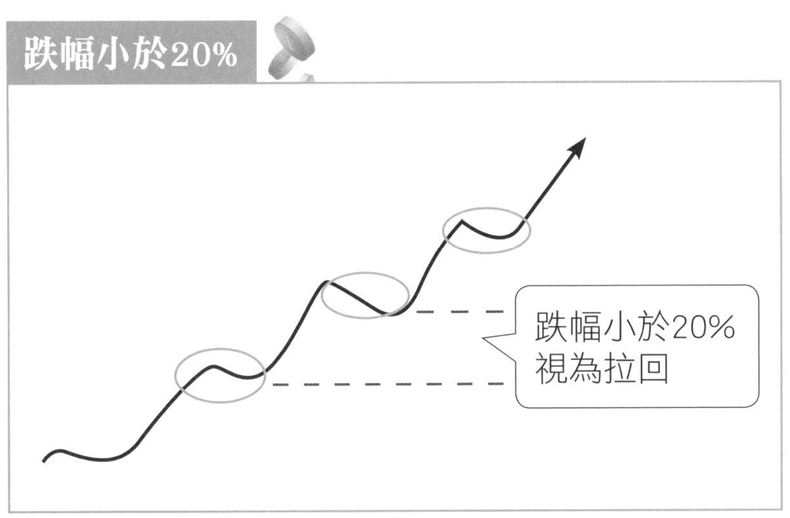
跌幅小於20%
跌幅小於20%
視為拉回

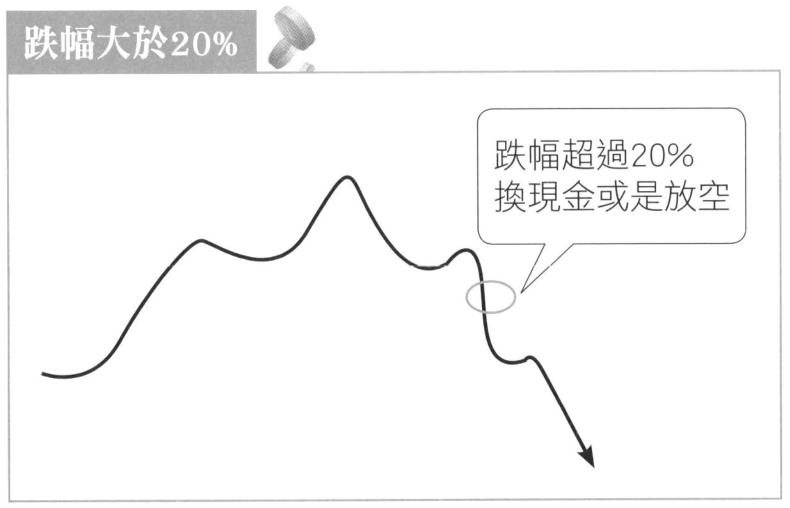
跌幅大於20%
跌幅超過20%
換現金或是放空

歷史崩盤大事件

期望投資人可以從這些事件中，得到更多的投資經驗。

在台股歷史上，發生了很多的崩盤大事件，這些崩盤在當時都造成許多投資人的嚴重損失甚至破產，本節列出了幾個崩盤大事件，都是屬於萬點等級往下大跌的大崩盤。

期望投資人可以從這些事件中，得到更多的投資經驗，進而應用在目前的股市裡，若你是股市新手，那麼不妨重新細看這些崩盤事件當時的K線圖，若能從中找到些許的相似處，就能夠避開下一次的崩盤大事件。

1951年至1987年，臺灣當時年均經濟成長率高達9%，為世界之首，也成為「亞洲四小龍」，當時勞動密

集型的出口導向模式，為臺灣賺取了大量外匯。1988年底，臺灣當時外匯儲備達760億美元，僅次於日本。

當時美國威脅台灣使用其「綜合貿易法案第301條款」，逼迫台灣讓新臺幣升值，以減少對美貿易順差。因此大量的海外熱錢湧入台灣，加之當時高額儲蓄因利率不斷走低，造成當時臺灣資金流動性過剩，於是各種資產價格的飆升，土地和房地產價格在短時間內翻了兩翻。

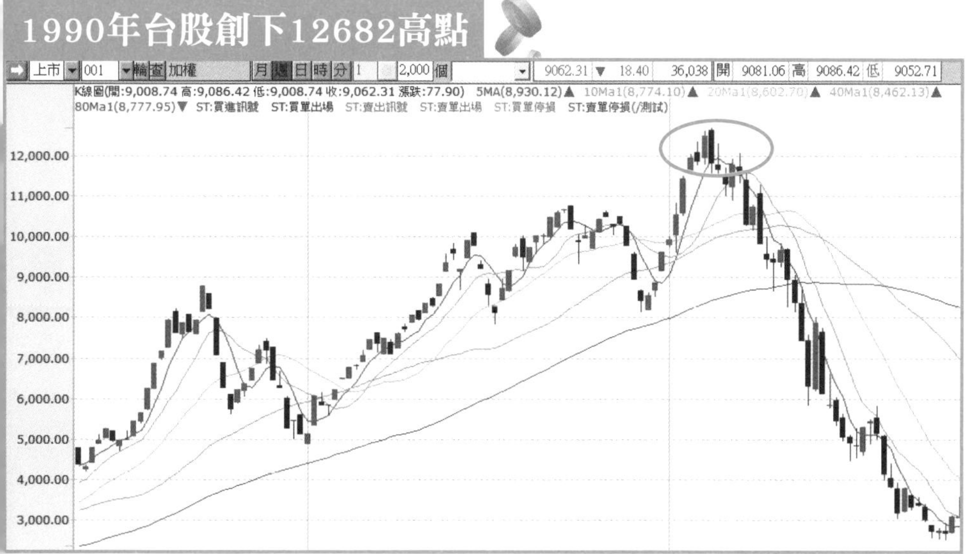

1990年台股創下12682高點

1990年1月，股市創出了12495點的歷史新高。當時市場樂觀情緒的彌漫已經無法控制，而1990年爆發的波斯灣戰爭終於刺破了這場超級股市泡沫。從1990年2月到10月，由12682點狂瀉到2485點，跌了一萬點還有找。

8年後，台股又出現第二次萬點行情，這次由於高科技產業逐漸取代了傳產與金融業，在國內外熱錢簇擁下，電子類股帶動了台股的揚升，電子股交易量佔台股總成交量平均達7成。

於是台股在量滾量的推動下，1997年8月27日再度攻抵10256點的高點，然而好景不常，台股馬上受到亞洲金融風暴的衝擊，從1997年8月跌至1999年2樂，指數由10256暴跌至5422。

2000年全球網路科技股狂飆，台灣網路科技股也趕上這波熱潮，當時由股王禾伸堂和威盛拉抬下，幾乎所有的電子股都呈現飆漲，於是台股在首次政黨輪替後第三度站上萬點。

但網路泡沫很快跟隨全球腳步幻滅，加上台灣內部政局不穩定，台灣指數從2000年2月跌至2001年9月，指

1997年台股再攻上10256高點

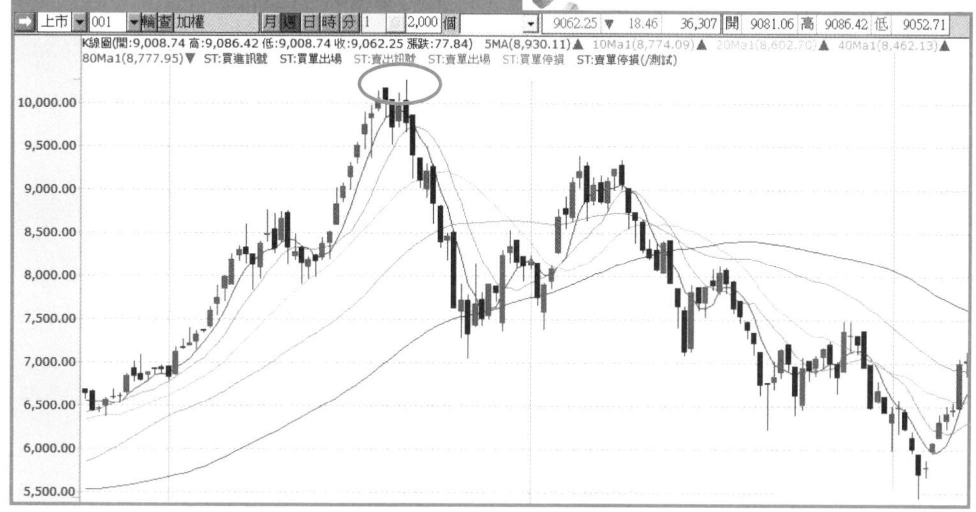

2000年網路泡沫化前台股攻到10393高點

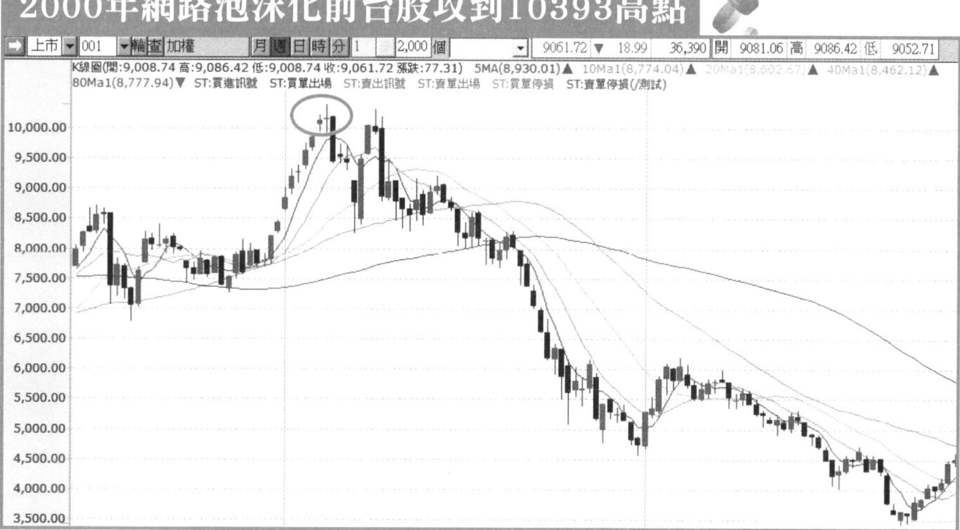

數由10393點大跌至3411，自此之後15年，台股遲遲無法重回萬點。15年後，預期台灣政府將二次政黨輪替，造成海外資金大量回流台股，推升台股攻至9859點，但隨後由於美國雷曼兄弟破產，全球發生金融海嘯。

馬政府上台後雖力推ECFA，並調降遺贈稅和贈與稅，但由於金融海嘯實在強大，加上馬政府施政開始不力，投資人大量從股市撤資，台灣指數從2007年11月跌至2008年11月，指數由9859點人跌至3955。

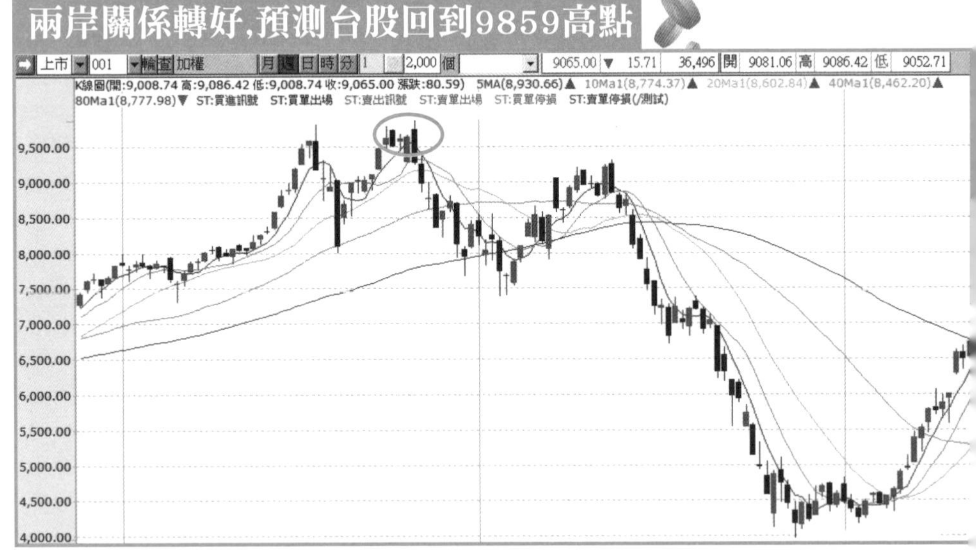

小股災和大股災

投資人只需要分辨小股災和大股災的不同，即可讓自己安心操作。

由歷史可知，投資人應該可判斷所謂的「股市大崩盤」，不是每年都會發生的，據統計平均8至10年才會發生一次股市大崩盤。

分辨小股災和大股災

股災來臨時，通常都是散戶嚴重賠錢的時刻，所以小股災和大股災最重要的區別，我認為是要觀察融資斷頭的次數來判斷，小股災會讓散戶斷頭一次，大股災至少會讓散戶斷頭二次以上。

所以投資人只需要分辨小股災和大股災的不同，即可讓自己安心操作，並且根據股災的不同來應變。

投資人不必要因為股市會發生崩盤，就不敢進場買股票，甚至讓自己的神經緊繃，整日緊張兮兮，只要盤勢下跌就開始擔心是否會崩盤，事實上股市崩盤屬於大股災，但股市每年都會產生小股災。

如今投資市場的投資工具很多，投資人不該侷限於一定要做多，可在牛市時可以作多，也可以在股災來臨時做空，唯有讓自己在股市多空雙賺，長期下來自然就可在股市站穩陣腳。

投資人只需要分辨小股災和大股災的不同，即可讓自己安心操作。

分辨小股災和大股災

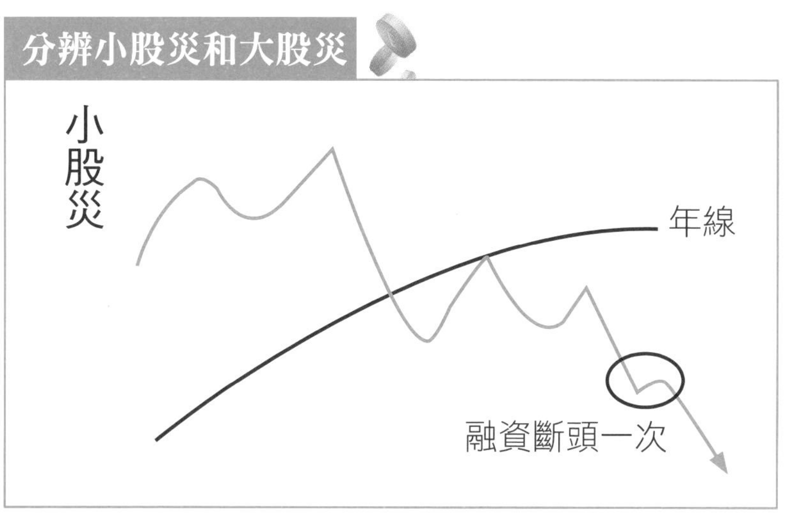

小股災

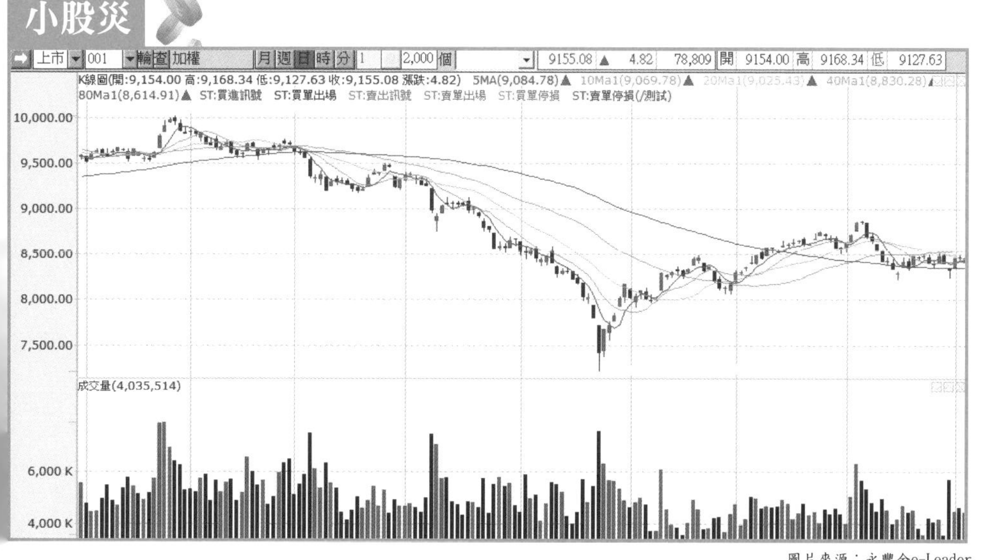

圖片來源：永豐金e-Leader

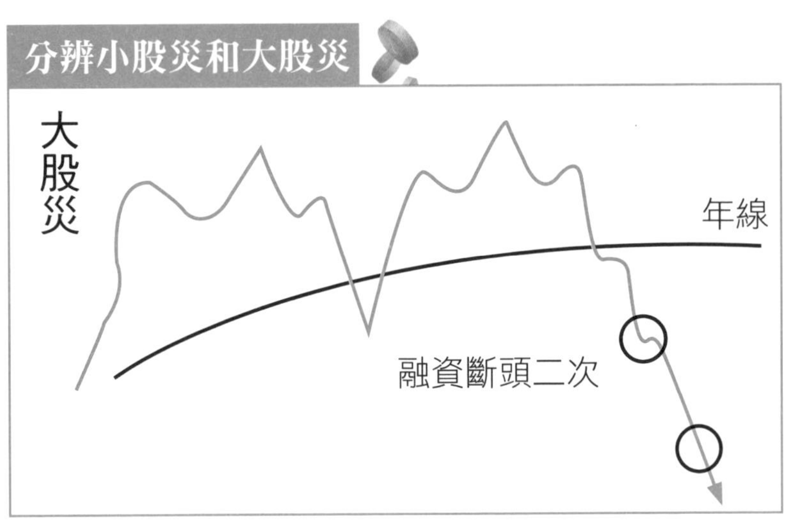

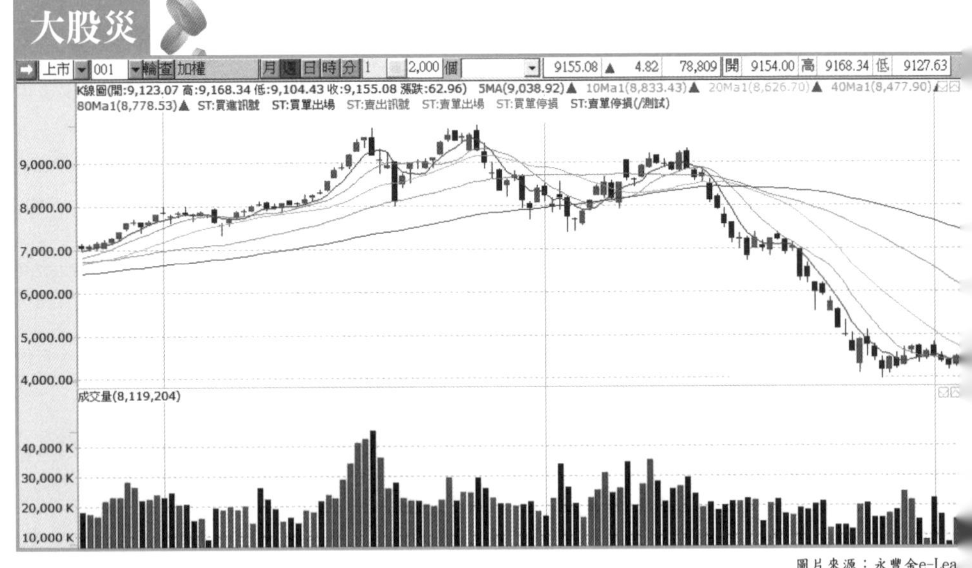

圖片來源：永豐金e-Lea

第七章

ETF 必賺操作術

若手中的ETF，不知為何就是漲不起來，績效並未如預期的順利，這時就必須放棄原本打算要長期持有的策略

單筆或定時定額

投資ETF，有兩種方法：一是選擇在適當的買點上，進行單筆的投資；或可選擇固定在每個月的某一天為扣款日，進行「定時定額」投資方式。

投資ETF，簡單地說，有兩種投資的方法：一是選擇在適當的買點上，進行單筆的投資；或可選擇固定在每個月的某一天為扣款日，進行所謂的「定時定額」投資方式。

單筆投資

所謂的「單筆投資」，就是已經透過一些分析的方法，可能是基本分析，可能是技術分析，也可能是某人或專家報「明牌」，甚至是你心血來潮，想要買ETF時，不論如何，當你決定要買進某檔ETF時，就拿著一筆錢到投信公司，或代銷銀行櫃檯，辦理申購買進的手續，就稱為「單筆投資」。

單筆投資的獲利原則：低買高賣

基本上，單筆投資的獲利原則，就是低買高賣，選擇在ETF淨值相對較低時買進，而在ETF淨值相對較高時賣出，獲利了結。通常在股票市場即將邁入多頭市場時，就是準備開始選擇並選定申購ETF之際。

該如何判定市場即將邁入多頭市場呢？此時就必須依賴基本分析的工具來輔助。該在哪一個時機點去申購，也可以依照股票投資的技術分析指標，或圖形來判斷。ETF的淨值，基本上是跟著投資標的市場在波動，若能掌握標的市場（如股票市場）脈動，其實投資ETF是可以大幅獲利，且買賣ETF的成本，比買賣股票要小得多。

在此所要傳達的觀念是：

投資ETF，並不表示穩當獲利，或是只要死抱著等待就好；投資人還是應該主動瞭解手中的ETF，是即將邁入多頭或空頭，把握最佳時點買進賣出，設立停損停利點，適時轉換，至少也應時常檢視手中ETF的績效。

定時定額投資

以定時定額投資ETF，在觀念上，有一點類似零存整付的概念。以定時定額來投資ETF，是你選擇每個月固定在某一天進行扣款，以後每個月就在當天，用扣款的金額，以ETF次一日的淨值買進。

當然ETF在每個月的扣款日，淨值會不同，假使扣款次一日ETF的淨值相對較高，那麼所買進的受益憑證單位當然就較少；但若扣款次一日淨值相對較低時，買進的受益憑證單位數，就會較多。

長期而言，以定時定額方式來投資，可以將長期下來，每個月上上下下的淨值平均值拉低，而淨值平均值，也就是所買進的平均成本，因此，這種方法又叫做「平均成本法」。

以右表來說明，假設每個月定期在15日扣款5,000元，則在單位淨值，每個月都不同之下進行扣款，所購得的單位數，以及平均成本如下頁圖表。由下表可以看出，雖然5個月來，每個月15日的ETF淨值有高有低，但5個月下來，購買的平均成本，經過計算，是固定在$11.65。

扣款日	定期扣款	單位淨值	購買單位數	累積單位數
3/15	$5,000	$10	500.00	500.00
4/15	$5,000	$12	416.67	916.67
5/15	$5,000	$14	357.14	1273.81
6/15	$5,000	$12	416.67	1690.48
7/15	$5,000	$11	454.55	2145.03

扣款次數：5次
原始總成本：$25,000
每單位平均淨值（成本）：$11.65
（＝$25,000÷2145.03）

這5個月中有3個月扣款日的淨值是高於$11.65，有2個月扣款日的淨值是低於$11.65，但這種投資方法，是不是省去你想買進但又看不出高低的憂慮呢？因為平均成本，已固定在$11.65。

哪些人適合定時定額投資ETF？

基本上，定時定額適合幾種人使用，一種是比較不具備或不熟悉基本分析、技術分析等投資工具的投資人，因為抓不準買進的適當時點；另一種是比較沒有時間進行買賣時點分析的投資人，例如上班族。

此外，則是將定時定額當作強迫自己儲蓄的投資人，享受長期實證統計上比定存更高的報酬；同時，若在未來有資金需求，也適合使用定時定額來投資。

單筆投資VS.定時定額

定時定額投資雖然每次扣款日的淨值有高有低，但是利用漲多買少，漲少買多的長期效果，平均成本可以攤平。但受益人選擇在哪一個時機點申請贖回，卻可以使每年的平均年報酬率差很大。

若期間為10年、20年，這種贖回時機點的不同，所導致的每年複利效果差異會更可觀，因此，能不好好分析何時選擇贖回嗎？這部分將在之後再詳述。但無論如何，以定時定額投資ETF的報酬率，是要比定存來得

高。由此似乎可以得出一個結論，單筆投資ETF，適合在多頭市場將來臨時買進，以搭多頭的便車，但要看準時機，在相對高點時賣出，而在預期市場將邁入空頭或正在股市盤軟之際，則以定時定額投資較佳。

ETF的淨值，基本上是跟著投資標的市場在波動。

ETF的配息來源

ETF配息，其實並未增加獲利，配息多，代表在買賣淨值價差上的資本利得就會減少，兩者效果相同，且配息會增加投資人稅務問題。

投資人投資ETF，基本上，獲利來源包括：低買高賣所賺得的資本利得，以及ETF分配給投資人的收益，即一般所稱的「配息」。

資本利得

ETF收益的來源之一就是資本利得，這部分是ETF進入標的市場後低買高賣所賺的利潤。通常股票型ETF，已實現的資本利得，為ETF配息中最重要的部分。

所謂的「資本利得」，就是你低買高賣所賺取的價差，在淨值低時買進，在淨值高時賣出，其中的差額，就是所賺取的資本利得，這部分是獲利的主要來源。例如你以100,000元買進股票型ETF，淨值為20元，因此，你買進5000個單位的受益憑證，若1年後，淨值成長到25元，則你賣出後所實現的資本利得，即為25,000元。

ETF配息，視ETF在可分配收益年度中，有沒有獲利，如果ETF本身有獲利，則會依契約規定將一定比率的獲利，分配給投資人，也就是配息給投資人。

1.股利收入

股票型ETF，由於投資的標的市場，主要為股票市場，而上市公司通常會定期發放股利給股東，因此，ETF會有股利的收入，這包括所收到的現金股利，以及已實現的股票股利。ETF會將這部分的股利收入分配給投資人。

2.利息收入

ETF的利息收入是指：平衡型ETF、債券型ETF，以及貨幣型ETF，會在債券市場或貨幣市場買賣政府債券、公司債或短期票券；或是ETF須保留一定比率的現金，以備投資人贖回之需，而將這筆現金存放在銀行等金融機構會有孳息，以上兩種情形，都會使ETF有利息收入。而ETF將利息收入分配給投資人即為此部分。

ETF獲利，主要來源哪些？

1. 已實現的資本利得
2. 股利收入
3. 股息收入

當ETF有已實現資本利得、股利，以及利息收入時，就可將這些收入分配給投資人。但每個ETF是否會配息、何時配息，或是每年配息多少次，則依ETF的性質，以及契約的規定而有所不同。

股票型ETF

由於股票型ETF追求的是資金的長期成長，因此，股票型ETF，或所謂的「成長型ETF」並不傾向經常配息。因為ETF配息，基本上，是從單位淨值中扣除，因此，配息後，ETF淨值就會下降。例如某ETF目前淨值為18元，若每單位配息1.5元，則ETF配息後的參考單位淨值則為16.5元。

最多1年配息1次

股票型ETF為追求淨值的成長，並不常配息，1年最多配息1次，有些股票型ETF，甚至採不配息策略，以追求ETF資產的長期成長。

但由於投資人通常會有所謂「高價格高風險」的迷思，因此，國人一般不太願意購買淨值太高的ETF，所以高淨值的ETF，有時會一次大幅配息，讓ETF淨值變得較低，藉以吸引投資人買進。

收益分得越多，資產減損越多

事實上，投資人必須瞭解：ETF的收益，在未分配之前，是屬於ETF資產的一部分。若ETF收益分配出去得越多，ETF資產也就減損得越多，顯示在每單位的淨值，也下降得越多。

要知道，你所拿到的配息，也只是ETF資產的一部分，事實上，你並沒有真正地增加獲利，如果沒有配息，則淨值本身的成長，是已經包含ETF的收益。

例如某檔ETF淨值為15元，預計每單位將配息1元，則配息後，淨值就會下降到14元。如果在配息日當天賣出ETF，那麼可領回的價款，為每單位14元再加上1元的配息；如果ETF不配息，那麼賣出後，可領回的價款，則為每單位15元。兩者的獲利報酬是相同的。

債券型或貨幣型ETF

屬於固定收益型的ETF，如債券型ETF，或是貨幣型ETF，由於ETF的性質是定期分配收益給投資人，並不追求ETF淨值的高度成長，因此，會定期配息。每年配息的次數，可能不止一次，有些甚至每個月都會配息。

在此須加以說明的是，分配次數較多，或是每次配息較多收益的ETF，是不是就比較好？並非絕對。之前提到，ETF配息，實際上，獲利並未增加，配息多，代表買賣淨值價差上資本利得就會減少，兩者效果相同。是否選擇有配息策略的ETF，是應視投資目的而定。

如果投資ETF的目的，是為了能有定期收入，就該選擇有配息策略，且配息較多的ETF；但如果是為追求淨值的長期成長，以賺取最大的資本利得，則配息較少，或沒有配息策略的ETF，會較適合。

此外，在面臨多頭市場時，應選擇配息較少的ETF，因為越多的資金留在ETF內，所能創造的投資績效，當然就會更為可觀。

投資ETF的目的，若為了能有定期收入，就該選擇有配息策略。

ETF的轉換操作

投資獲利，不外是低買高賣獲取價差，或是由ETF配息獲取收益，但若持有ETF始終沒有起色，轉換ETF也是一個提高獲利的方法。

ETF的投資獲利，不外是低買高賣獲取價差，或是由ETF配息獲取收益，但若手中的ETF，不知為何就是漲不起來，績效並未如預期的順利，這時就必須放棄原本打算要長期持有的策略，而是應該果敢賣出，並重新分析買進其他ETF。

機會成本的概念

何時應該買進ETF、何時應該獲利了結，或停損賣出，是決定低買高賣價差獲利的重要關鍵；同理，轉換

ETF好比是先賣出一檔ETF，再去買另一檔ETF，因此，何時應該轉換ETF，是轉換ETF能否獲利的關鍵。通常考慮要不要轉換ETF，應視本身的理財策略是否改變、原投資ETF的績效不佳、原ETF投資方針的變動，或是達到停利停損點獲利了結、市場即將有所變動等因素而定。

如原先規劃投資股票高成長型ETF，而後日益重視固定收益的重要性，希望改採投資平衡型ETF，因而將原先的ETF，轉換成平衡型ETF。或是步入老年期後，將原先股票型ETF，或是平衡型ETF，轉換成債券型ETF。

也有可能是投資人的財務狀況改善後，風險承擔能力加強，將原先的全球型ETF，轉換成新興市場ETF。因此，個人理財策略，或財務狀況的改變，為ETF轉換的其中一個時機。

投資方向改變

ETF成立時，在公開說明書中，都會說明該ETF的投資目標、投資策略、ETF投資的方針及範圍、決策過程，以及ETF經理人等ETF投資的重要資訊。而投資人在詳閱過該ETF的公開說明書後，除基於看好標的市場外，亦因該ETF的投資方針及目標，是與自己的理財規劃相吻合，才會去購買該ETF。例如一位30歲的上班族，規劃投資以追求資金長期成長的股票型ETF，以獲取最大的資本利得。

如果所投資的ETF，經受益人大會決議通過改變ETF的形態或投資目標以及方針，或是ETF經理人修正其投資策略，此時，該ETF的整個形態已非投資人原先所規劃投資ETF的形態，此時，就應考慮轉換成其他ETF。雖說投資ETF最好是長期持有，才看得出複利的魔力。

但要長期持有的前提，必須是持有具發展、成長潛力的ETF，否則再怎麼等待，可能也漲不起來。就好像投資股票一般，總要挑選一檔績優股或潛力股，再長期持有它。一旦發現你的ETF即使在多頭市場也漲不起來，或是投資績效老是落後，就應快刀斬亂麻，趕快轉換成另一檔ETF。

市場氣氛改變

原則上，當經濟即將不景氣，或是外國的金融風暴即將掃到本國市場時，本國股票市場就有可能將會走入空頭，此時，可將手中的股票型ETF，轉換成風險較低

的債券型ETF，以進行避險；反之，當經濟即將復甦，則可預期未來股票市場將會邁入多頭，此時，就可將手中的ETF，轉換成股票型ETF，以搭多頭列車。

如何預期經濟將邁入景氣或衰退？可以觀察總體經濟的相關指標；此外，經建會每月也會公布景氣燈號。也可以閱讀相關金融機構所提供的研究報告，以及ETF經理公司定期寄出的相關投資資訊及建議。

景氣燈號與代表意義

燈號	代表意義
藍　燈	低迷
黃藍燈	轉向
綠　燈	穩定
黃紅燈	轉向
紅　燈	熱絡

如果配合以下的景氣循環週期圖來看：

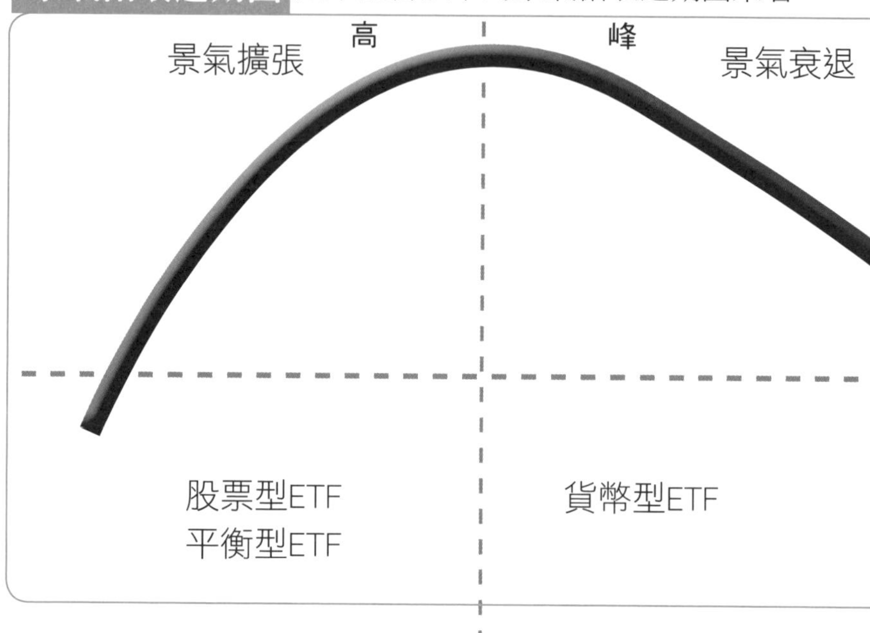

1. 景氣擴張

由於景氣過熱，會使通貨膨脹率升高、信用過度擴張，政府會開始引導利率上升。此時雖然股價指數仍能屢創新高，但已屬於末升段行情，很快就會反轉而下，為防止在高檔被套牢，最好將股票型ETF，轉戰保本付息的貨幣型ETF，或債券型ETF。

2. 景氣衰退

保本付息的貨幣型ETF，是最好的選擇。因為景氣若持續衰退，貨幣主管當局絕不可能坐視不管，就會開始採取較寬鬆的貨幣政策，放鬆銀根，以引導利率下降。

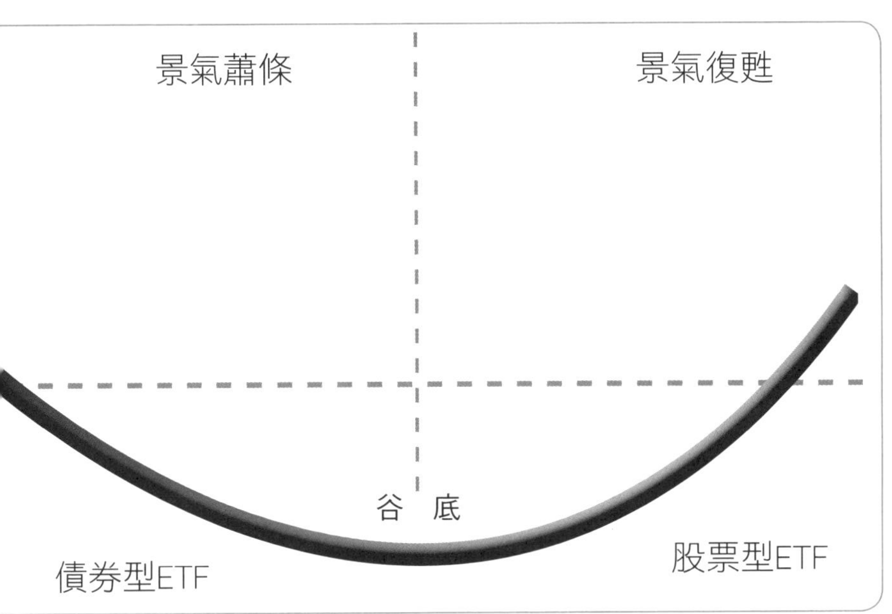

3.景氣蕭條

債券型基金是景氣蕭條時的最好選擇，此時，手中的債券型ETF，除可鎖定固定的利息收益外，隨著債券的殖利率下跌，使得債券價格上漲，又可享有資本利得的好處。

4.景氣復甦

隨著經濟開始復甦，股票市場也開始走入一個大多頭行情。此時，投資股票型ETF，正好可以趕搭多頭列車，此時應開始將手中的ETF，轉換成股票積極成長型ETF。因為股票市場通常為經濟的領先指標，股票市場會在景氣復甦前的4～6個月就開始先行反應。

MEMO

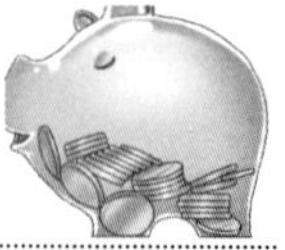

第八章

ETF多空操作實戰策略

投資人要懂得盤整期的操作方式，
才能在股市裡永保安康。

判斷多頭、空頭市場

若你買進的是股票型ETF，ETF的淨值，是跟著股市行情而走，因此，除參考基本線型圖外，基本面或消息面的任何因素都要關切。

ETF也可以做基本分析？讀者也許會感到有些疑惑，這些因素似乎是投資股票時，所需要分析的，為何在買賣ETF時，也要考量進去呢？況且買賣ETF，本來就是交由ETF經理人去操盤，投資人還需要注意基本面的因素嗎？

判別買股票型ETF或固定收益型ETF

以投資台股ETF為例，ETF的淨值，是跟著台灣股市行情而走，基本面或消息面的任何因素，都會影響股票

多頭來臨時有以下10大特徵出現

序號	詳細內容
1.	報章媒體的頭條紛紛報導融資已斷頭或即將斷頭。
2.	即使利空消息頻傳，但是股價卻跌不下去。
3.	只要有任何小利多消息出現，股票市場立刻大漲。
4.	大型龍頭股不斷以輪漲的方式，將指數節節推高。
5.	股價不斷以大幅上揚，小幅回檔，再大幅上揚的方式前進。
6.	當行情上升時，成交量也隨著上升。
7.	3大法人外資、投信、自營商，再加上主力大戶，連連買超。
8.	隨著股價上升，融資餘額不斷降低，融券餘額不斷升高。
9.	利多消息頻傳，政府不停作多。
10.	短天期移動平均線與長天期移動平均線，依序由上而下排列。

市場中，股價及大盤的表現，進而影響ETF的淨值，只是要看哪一檔ETF漲得快、跌得少罷了。

如果投資人事先就大概分析未來台灣的市場，是走向多頭或空頭，即可決定是否要買進股票型ETF，或是買進其他具避險功能的收益型ETF（收取固定的收益）。

當多頭市場來臨時，似乎投資人不論買哪一檔股票型ETF，都可以感受到淨值上漲，甚至飆漲的快感，隨便買都賺；但當邁入空頭市場時，卻是每買必賠，即使波段跌幅已深，技術面顯示現在應為買進的時點，但一買進後，價格卻持續下跌，且好像沒有終止跡象，似乎在空頭市場裡，沒有獲利空間。

判別市場風向增加獲利

若能及早辨別出多頭、空頭市場，並在適當的時點買進賣出，或是做ETF轉換的操作，不僅能夠保住ETF先前的戰果，還能正確的判斷，以及靈活的操作而增加獲利幅度，我分別列出多頭與空頭市場的10特徵表格。

空頭來臨時有以下10大特徵

序號	詳細內容
1.	任何一個小利空消息，就讓股價紛紛跌停。
2.	報章媒體呼籲政府讓國安基金進場護盤。
3.	股價下跌，融資餘額創新高，放空戶大增。
4.	大型龍頭股紛紛破底。
5.	3大法人外資、投信、自營商，再加上主力大戶，連連賣超。
6.	短期之內沒有重大的選舉。
7.	股價下跌或盤整時，成交量持續萎縮。
8.	台幣持續貶值，資金持續外流。
9.	所有技術指標都出現死亡交叉。
10.	長天期移動平均線與短天期移動平均線，依序由上而下排列。

投資人可以觀察股票市場是否正處於以上的多頭市場，或是空頭市場特徵之中，以便判斷並決定是否應趕快買進，以搭多頭列車，或是要趕緊出脫手中持股或ETF以觀望。

經常檢視手中持股或ETF

投資人身處多頭市場或空頭市場時，注意千萬不要盲目地跟進，仍應時常以技術圖形或指標，來檢視市場是否已進入超買或超賣，大盤或股價是否已經脫離基本面的支撐。

當多頭市場來臨時，隨便買都可搭多頭便車，但當進入超買區時，不要猶豫趕快賣出，但這也是開始準備以定時定額投資ETF的好時機；當空頭市場來臨時，趕緊觀望或作空，但當進入超賣區時，不要猶豫，趕快買進或補券，此時也是單筆購買股票型ETF的好時機。

在多頭時投資ETF

當你看好後市時，就該將資金一次用來全數購買ETF，只要謹記利用低買高賣賺取價差，就能無往不利。

投資ETF，除依據自身設計的資產配置，及風險承擔能力，進而選擇適合自己的ETF外，還必須多加注意其他事項，尤其是在市場行情轉變時，投資ETF的方式，也該隨著轉換。

看好看壞，還要看操作策略

我們所指的市場行情是指：預測未來行情將會怎麼走？這是一個較長期的趨勢預測，也就是市場即將邁入空頭行情？還是多頭行情？

為了使投資ETF在多頭或空頭市場中能獲得更理想的投資績效，在兩種不同行情下，應使用不同的投資策略。通常在多頭市場即將來臨時，應該調整投資策略是為：單筆投資策略、金字塔投資策略、押寶在股票型ETF上，以及善用ETF轉換操作。

單筆投資策略

當你看好後市時，就該將資金一次用來全數申購ETF。你可能在任何時機點買進，然後在相對較高時賣出或轉換而獲利。只要謹記一項原則，就是「低買高賣」，利用低買高賣賺取價差，則股票型ETF就會搭上這一波多頭列車

使用金字塔投資策略，必須要分兩個階段來做投資說明，第一個階段是：行情歷經谷底的盤整，而預測後市即將反彈；第二個階段是：行情已歷經一段多頭，預測上漲無力、趨勢即將走緩。

此時投資策略是，將資金分成幾次來投資，且每次投資的金額越來越少。雖然預測後市即將看好，但如果一次把錢全部投入，總有一種不安全感，其實已經確定要投入一筆資金，只是不想整筆一次全部投入，利用分

批、分次投入，不但可以分散投資時機的風險，一旦行情反轉，也不致於損失太多。

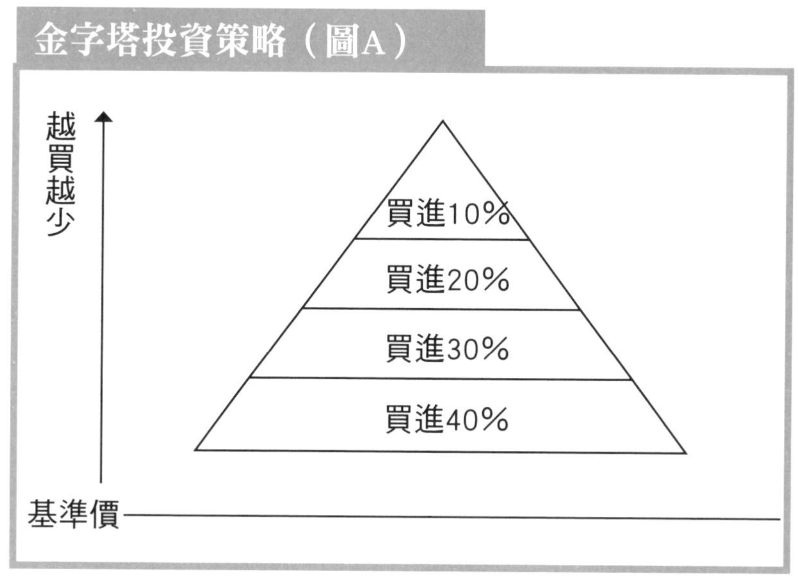

投資方式是先設定一個基準價，當淨值越過基準價的5%，就投入資金的40%；再上漲5%後，再投入30%；再上漲%，再投入20%；再上漲5%，投入最後的10%資金。如圖（A）所示。

舉例而言，在歷經金融重創後，阿德認為股市築底已經完成，任何指標都顯示行情即將反轉上揚。於是準備將手中一筆100萬元的資金，投資某一檔淨值為10元（基準價）的股票型ETF。

下表（B）則是阿德的其投資過程：

單筆買進	ETF淨值	購得單位數
$400,000	$10.50	38,100
$300,000	$11.02	27,220
$200,000	$11.57	17,280
$010,000	$12.15	8,230
合計$100,000		90,830
單位成本＝$1,000,000÷90,830＝$11.01		

大多頭過後，漲勢趨緩

行情已經漲了一段時間，此時宜盡快獲利了結，但市場上還有追高抬轎的人，所以，大盤還有一段上漲空間，但為以防萬一，此時應設定一個基準價，當ETF淨值越過此價的5%，就先賣掉10%的ETF；再上漲5%，再賣掉20%的ETF；再上漲5%，再賣掉30%的ET。

如果大盤仍在追高，淨值又再上漲5%，此時最好居高思危，將手中剩餘的40%ETF全數賣掉，趕緊獲利了結。賣出的過程如下圖所示：

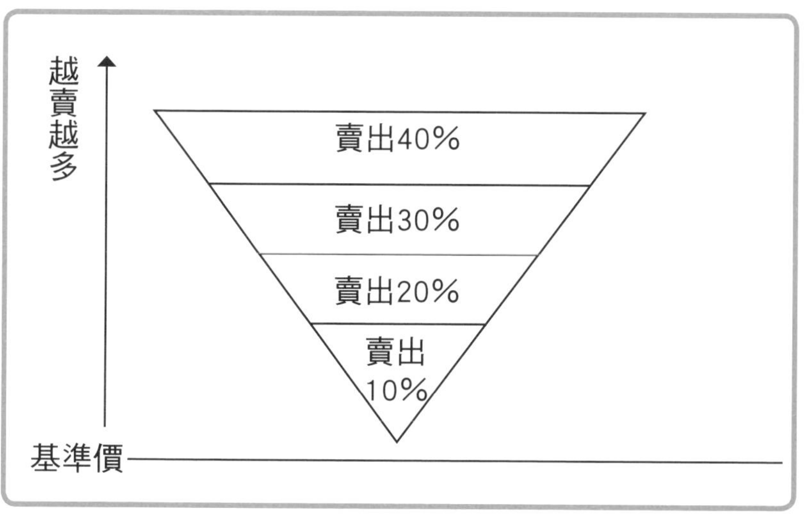

承上例，行情果然如阿德所預測，走了一段大多頭，大明以金字塔買進的策略，使得總額100萬元的投資，共買進90,830個單位數，平均成本為$11.01。此時，他認為行情已經有點過熱，於是設立一個停利點—基準價$15.50，利用金字塔方式逐漸賣出。下表即為他逐次賣出的紀錄。

ETF淨值	賣出單位數	賣出所得價金
$16.25	9,080	$147,550
$17.06	18,160	$309,800
$17.91	27,240	$487,870
$18.81	36,350	$683,740
	90,830	合計$1,628,960
投資報酬率＝（$1,628,960－$1,000,000）÷$1,000,000		

善用股票型ETF放大報酬率

在景氣即將揮別谷底，開始邁入復甦的階段時，就應開始將手中的ETF轉換成股票積極成長型ETF。因為股票市場，通常為經濟的領先指標，股票市場會在景氣復甦前4至6個月先行反應，直到經濟開始復甦後，股票市場就開始走入一個大多頭市場。

此時，投資股票型ETF，正好可以趕搭多頭列車。因此，如果此時手中握有債券型ETF，不妨利用ETF轉換的方式，轉換成股票型ETF。

股票型ETF在ETF的分類上，是屬於高報酬、高風險的投資工具。然而，股票型ETF的投資範圍，主要是在股票市場，當預期股票市場將有一波大多頭行情時，此時不妨忘了有高風險這回事。

因為一旦市場上投資人買氣旺盛、信心十足，股市總會有一段飆漲，連帶使得股票型ETF的淨值也不斷上揚。這一段時間，可說是「高報酬、低風險」的時期，應把握機會，押寶在股票型ETF上。

如何在空頭市場投資ETF

當空頭市場來臨時，應該調整定時定額投資、金字塔投資策略、並把雞蛋放在不同的籃子裡。

空頭市場來臨時，選擇以定時定額的方式，買進ETF，不但可以在每次扣款時，買到較多的單位數，長期下來，持有ETF的平均成本，也會較低。只要看準下一次牛市來臨，選擇在最佳的賣點賣出，獲利可期。

定時定額投資方式

對於一般投資大眾而言，定時定額投資方式是最熟悉、最常用的方法。投資人每隔一段固定的期間，通常為一個月，投資一筆固定的金額於某檔ETF。

採用定時定額投資，投資人也較不須理會短期內ETF淨值的變動。當然ETF在每月的那天，淨值會有所不同，如果買進當天淨值相對較高，買進的受益憑證單位數就會較少；如果買進當天淨值相對較低時，買進的受益憑證單位數就會較多。

長期而言，以定時定額方式來投資，可以將每個月上上下下的淨值平均值拉低，而淨值平均值，也就是所買進的平均成本。

金字塔投資策略

在面對即將邁入空頭市場，而手中又持有ETF，此時使用金字塔投資策略，同樣也必須要分兩階段來操作：第一個階段：預測行情即將反多為空，後市即將邁入一波空頭；第二個階段：行情已歷經一段空頭，築底即將完成。

行情反多為空，分批賣出

行情已經漲了一段大多頭，而你錯失在最高點獲利了結的機會，但你可能覺得，市場沒有這麼快疲軟，因此，大盤應還有支撐，甚至有上漲的空間。

但為以防萬一，此時應設立一個停損點，當ETF淨值跌破這個基準價的5%，就趕緊先賣掉40%的ETF；再往下跌5%，再賣掉30%的ETF；再下跌5%，再賣掉20%的ETF。

如果大盤仍往下探，淨值又再下挫5%，此時最好別再戀棧，將手中剩餘的10%ETF也賣掉吧！趁還有獲利，趕緊了結。賣出的過程如下圖所示：

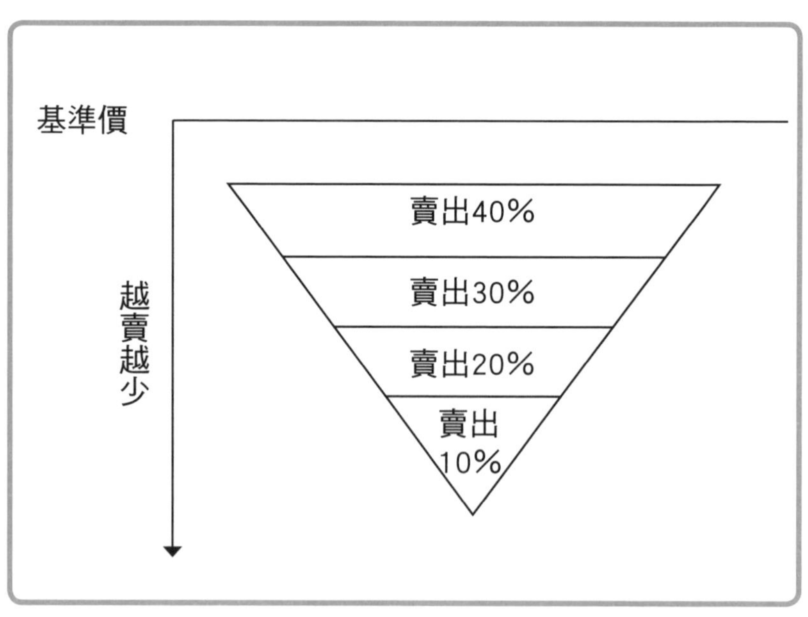

以上例而言，如果阿德之前總額100萬元的投資，共買進了90,830個單位數，平均成本為$11.01。雖然認為應該還有一段小漲格局，但為保險起見，還是設立一個基準價$16.00，如果跌破這個基準價，就利用金字塔方式逐漸賣出。以下即將為他逐次賣出的紀錄：

ETF淨值	賣出單位數	賣出所得價金
$16.50		
$15.20	36,350	$552,520
$14.44	27,240	$393,340
$13.72	18,160	$249,150
$13.03	9,080	$118,310
	90,830	合計$1,313,320
投資報酬率＝（$1,313,320－$1,000,000）÷$1,000,000＝31.330%		

歷經空頭，築底即將完成

在底部整理一段期間，累積相當的動能，準備反彈上攻。惟市場上信心尚未恢復，因此，不排除還會下探。但指標顯示，此時應可逢低買進，於是設立一個基準價。

投資方式是，淨值跌破基準價5%之後，買進10%；再跌5%後，再買進20%；再跌5%，再投入30%；再跌5%，再投入剩下的40%資金。如下圖所示。

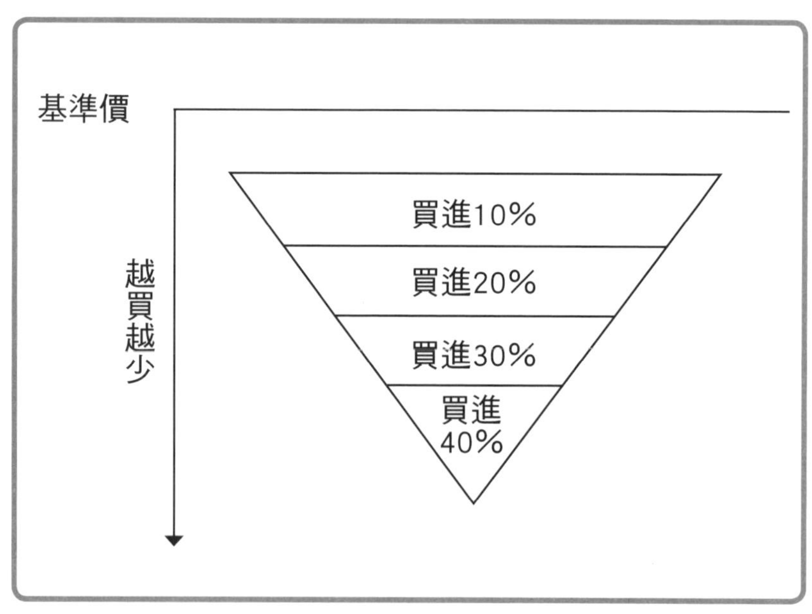

在歷經一段期間的空頭行情後，阿德認為，股市築底已經完成，但惟恐市場上信心不足，指數還有下探可能，但任何指標都顯示行情應會反轉上揚。

於是準備將手中一筆100萬元的資金，投資某一檔現在淨值為12.5元的股票型ETF，預備在跌破12元時，開始買進。下表則是投資過程。

ETF淨值	買進單位數	買進所得價金
$12.00		
$11.40	$100,000	8,770
$10.83	$200,000	18,470
$10,30	$300,000	29,120
$9.78	$400,000	40,900
合計$1,000,000		97,260
你的單位成本＝$1,000,000÷97,260＝$10.28		

分散投資

市況不好時，不一定要將股票型ETF全數賣出，保留抗跌性較強的股票型ETF，以等待另一波反彈。其餘者可在適當的相對高點賣出，將賣出的資金，轉向避險性佳的債券型ETF，或甚至將資金存回金融機構，或以現金持有。

投資組合應該是具有彈性的，隨時因應整體基本面的變動而適當地加以改變內容，惟應以不違背資產配置及理財目標為前提，而且在空頭市場時，要謹記「分散投資」的原則，也就是把雞蛋放在不同籃子的策略。。

把雞蛋放在不同籃子裡的投資策略，是將手中的資金分散投資在多種不同類別的ETF或其他投資工具上。在行情不佳時，減少股票型ETF的持有比例，增加債券型ETF的持有比例，同時也要維持一定比例的現金。

善用ETF轉換操作

景氣持續擴張，甚至過熱，必須開始調節手中ETF形態。景氣越來越旺，股票市場越來越熱，反而應依倒金字塔投資原則，減少手中持有股票型ETF的比例，而開始轉換成平衡型ETF，或債券型ETF，甚至開始轉換成貨幣型ETF。

由於景氣過熱，會使得通膨升高、信用過度擴張，政府會開始引導利率上升。此時雖然股價指數仍能屢創新高，但已屬末升段行情，很快就會反轉而下，為了防止在高檔被套牢，最好將股票型ETF轉戰保本付息的貨幣型ETF，或是債券型ETF。

若景氣開始走向衰退，保本付息的貨幣型ETF，或債券型ETF是最好的選擇。因為景氣若持續衰退，貨幣主管當局絕不可能坐視，於是會開始採取較寬鬆的貨幣政策，放鬆銀根，以引導利率下降。

此時，手中的債券型ETF，除了可鎖定固定的利息收益外，隨著債券的殖利率下降，讓債券價格上漲，又可享有資本利得的好處。

MEMO

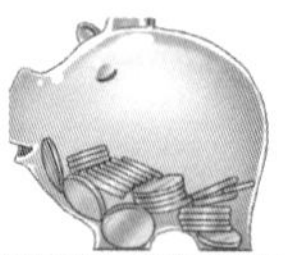

第九章

ETF多空實戰

稍微有一點財務觀念的人，就應該知道，「時間」對我們的重要性。

ETF多空實戰，準備好了

只要不貪心，善設停損停利，還是可以穩定獲利的。

本章將舉例一些多空實戰的案例，希望讀者能夠在這些案例中，建立屬於自己的投資SOP，進而順利在股市中提款。

態度決定致富的速度

當手上握有多種股票時，有些賺錢，有些虧本，不知如何處理。通常一般人總是比較將獲利的股票賣掉，但卻捨不得把賠錢的股票處理掉，想轉作長期投資，在投資市場裡，大家或多或少都有以上這種經驗吧？

轉弱的股票，假若你今天不認賠，明天可能賠得更多，假如看錯了行情，絕不要覺得丟臉，應立刻停損為佳。如果不重視它的嚴重性，就會像病情惡化一樣，病灶入侵，神醫也難救了。

「自律」在股票市場算是老生常談了，但這卻是贏家的護身符，為何這麼重要呢？因為資金控管是贏家最重要的守則。小賠停損，切忌小賠釀大賠；保存實力，才有翻身的機會，這就是多空操作乃至於投資世界所必須要擁有的「自律」。

做好心理建設

要成功多空操作更重視的是心理面，我認為要做好多空交易，首先是要先有無所畏懼的心，因為股價的漲跌直接連動你戶頭裡的資產，加上眼睛一直盯著盤面看，心理自然很容易跟著七上八下。

因此我建議最好的做法即是忘了戶頭裡的資產，每天收完盤後再來結算損益，在盤中時只要專心看盤即可，以我個人為例，盤中我甚至會把手機關靜音或震動，因為我不想因為一些雜事影響盤中的判斷。

我認識一些投資高手，甚至不把錢當錢看，戶頭裡的數字對他們根本沒感覺，他們只單單追求每一筆下單的勝率要高，這就很像NBA籃球員在場上投球時，絕對不會去想這一球沒進的話，獎金是不是沒有了，而是去享受當下在場上打球的樂趣，並且努力去追求每一場球的勝利。

準備好ETF多空了嗎？

ETF不只適合作多，也適合多空操作，接下來我會開始舉例一些ETF多空實戰，這些實戰都是我個人親身經歷過的，雖然不是每一次都有賺到錢，但是我從這些案例中，領悟到其實只要不貪心，善設停損停利，多空還是可以穩定獲利的。

希望投資人也能夠從中找到屬於自己的多空操作SOP，藉此在股票市場中，又學會一項投資利器。

致富密碼：研判錯誤時，要賠出場，以免損失更多。

ETF做多實戰一：

如果你很歡做多股票，那麼目前ETF商品中，有2倍槓桿倍數的ETF，若能看對一波行情，就能靠ETF擴大獲利。

中國與香港證監會宣佈於2014年11月17日啟動「滬港通」股票交易互聯互通機制試點計劃，大批的國際資金透過香港投資大陸股市，這時想參與做多投資人也可透過FB上証2X的ETF，趕上那一波的多頭大列車。

多頭行情中，投資人最怕的就是賺了指數，但是手上的個股一點都沒漲，這時ETF就適合做波段投資，以元大台灣50正2的ETF為例，在2016年總統大選確定後，台股就展開一個大波段的上漲，這時若能夠適時地介入，就能賺取合理的報酬。

做多實戰1-1

做多實戰1-2

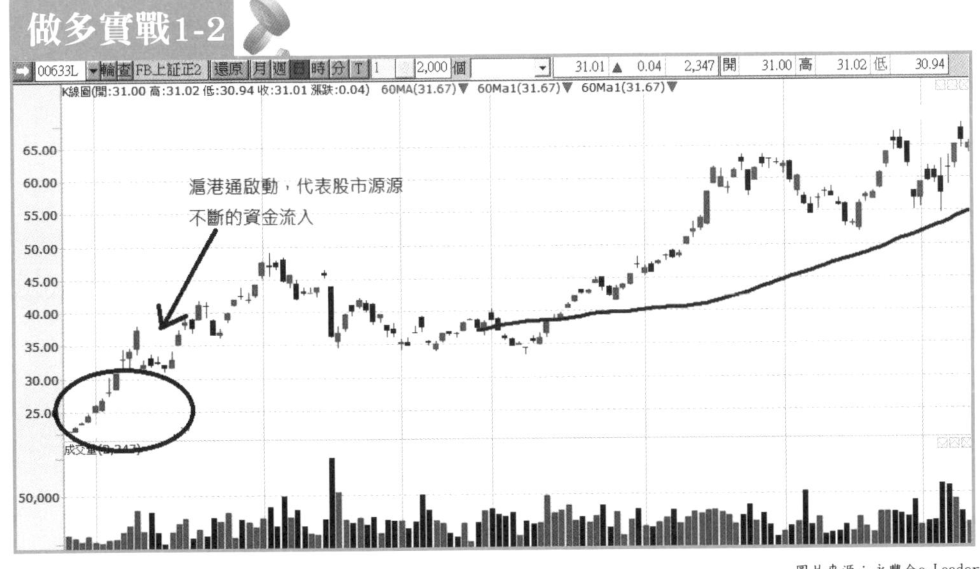

圖片來源：永豐金e-Leader

ETF做多實戰二：

做多ETF的好處是就像股票交易一樣方便，而且不用擔心投資的標的物做假帳或倒閉，而且ETF還可以跨地區或跨類別投資。

當國際發生重大事件時，透過ETF也能夠適時地參與做多，例如2016年6月23日舉行的英國脫歐公投，當時短線雖跳空往下，但由於不確定因素消失，所以元大歐洲50的ETF反而展開波段上漲行情。

過去當油價漲跌時，投資人只能眼睜睜看著油價上上下下，若想投資國際原物料行情，只能透過買基金的方式，但是目前有元大S&P石油的ETF可以購買，只要看準油價在低檔時買進，當石油上漲時，不用只擔心荷包的錢不夠加油，反而能夠用ETF多賺一些加油錢。

做多實戰2-1

做多實戰2-2

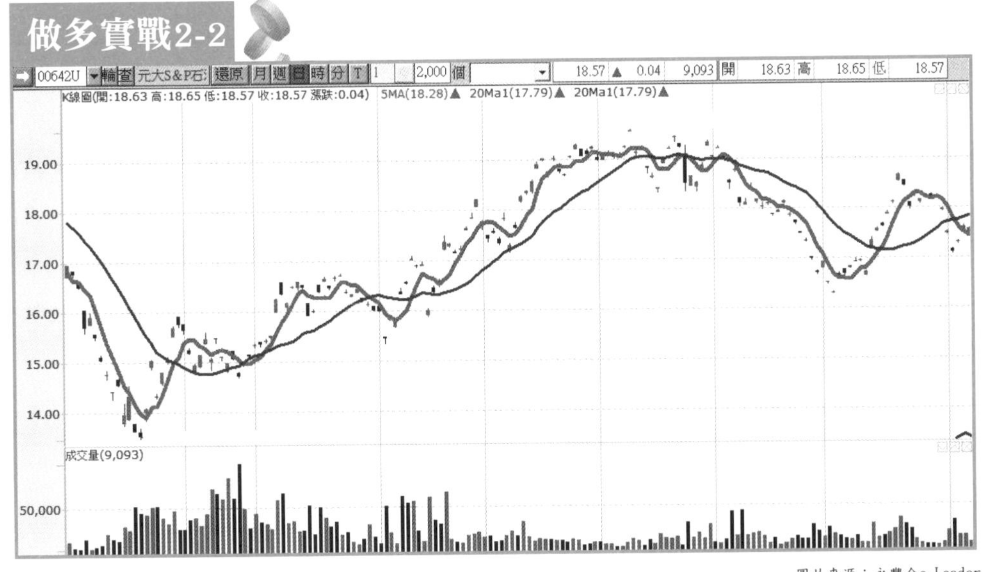

圖片來源：永豐金e-Leader

ETF放空實戰一：

ETF也適合短線放空，尤其台灣推出多檔2x的ETF，更方便投資人靈活投資，但值得注意的是，2X的ETF追求的是短期報酬率，尤其是當日的追蹤報酬，若長期持有反而會有折溢差和手續費成本的上升。

也就是說，2X的ETF很適合做短線或放空，較不適合抱波段投資，以追蹤0050的T50正2的ETF為例，當0050當日下跌1.49%時，T50正2的ETF反而下跌3.25%。

因為ETF是屬於在股票市場交易，不會有期貨選擇權的結算日，所以投資人若想當日做空放空，除了放空0050的選擇外，也可考慮放空T50正2的ETF，波動更大，投資人自然可以獲得更好的報酬率。

Chapter
9
ETF
多空實戰

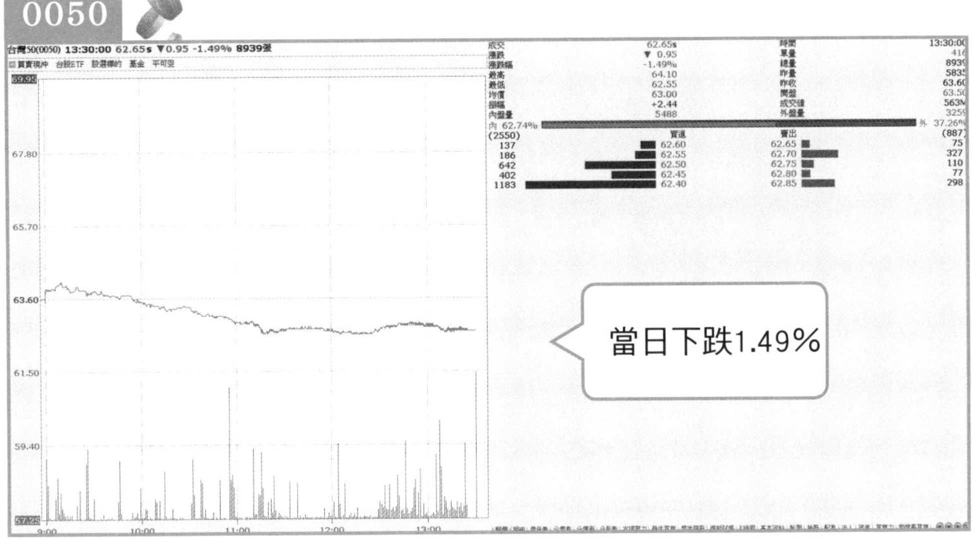
0050
台灣50(0050) 13:30:00 62.65s ▼0.95 -1.49% 8939張
當日下跌1.49%

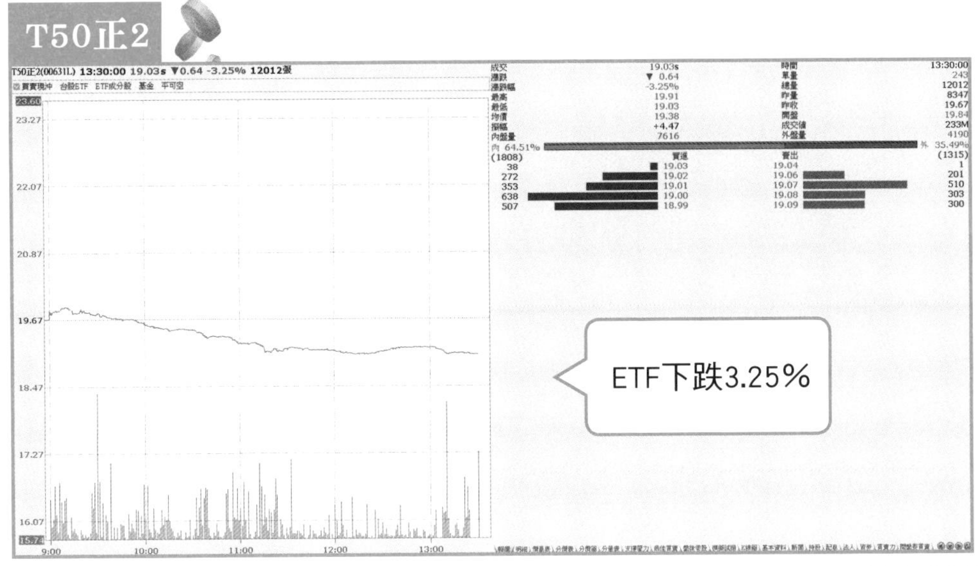
T50正2
T50正2(00631L) 13:30:00 19.03s ▼0.64 -3.25% 12012張
ETF下跌3.25%

圖片來源：富邦e01

ETF放空實戰二：

短線放空也能用在國際股市上，台灣目前上市了多檔追蹤國際指數的ETF，有些是以2X的ETF上市，當日ETF股價波動因此變大，這也給了放空投資人更多的操作機會。

以日經指數為例，當想投資日本股市時，過去的投資人或許只能透過海外基金來買賣，但是現在若透過日本2X的ETF，可以即時在盤中就可買賣日本股市，而且還以2倍的報酬率來計算。

而且ETF也可融資券，也就是說，投資人觀察到日本股市當日將大跌，除了可用現股放空ETF，也可以用融券的方式，先券賣再資買ETF，槓桿的效果更大。

日經指數當日大跌

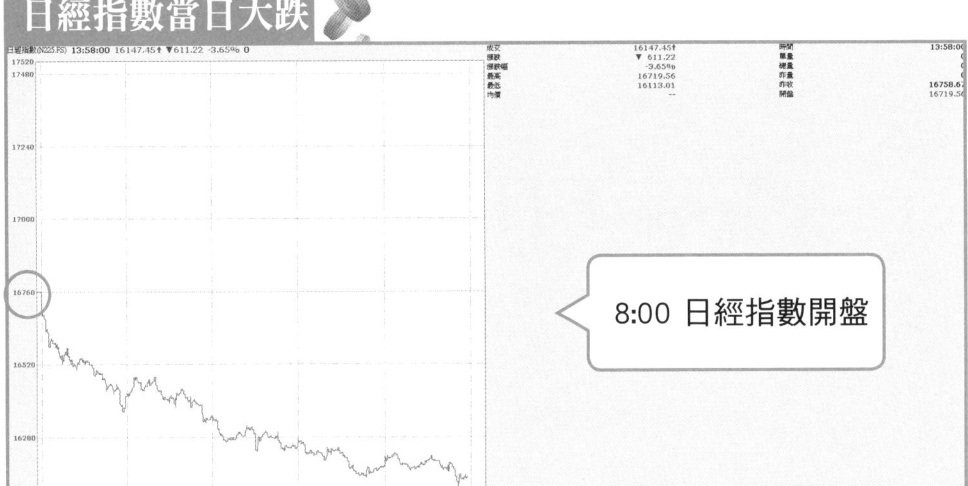

日本2x跟著大跌

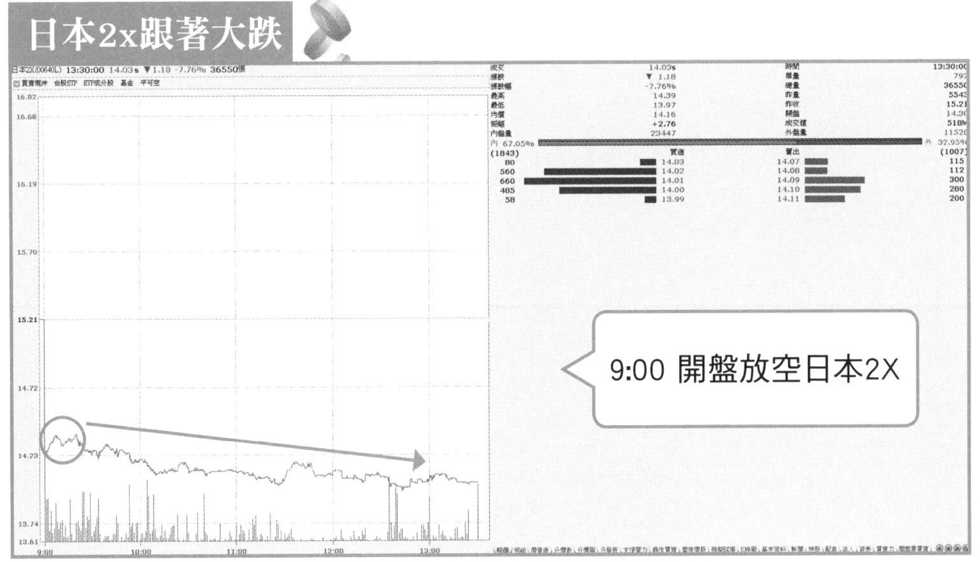

圖片來源：富邦e01

ETF放空實戰三：

近幾年陸股對於台股的影響力漸增，所以投資人即使只投資台北股市，也別忘了要盯著大陸的股票市場，以下圖為例，當上證指數開始下跌時，台北股市也開始跟跌，而且追蹤上証指數的上証2X的ETF，也加倍下跌。

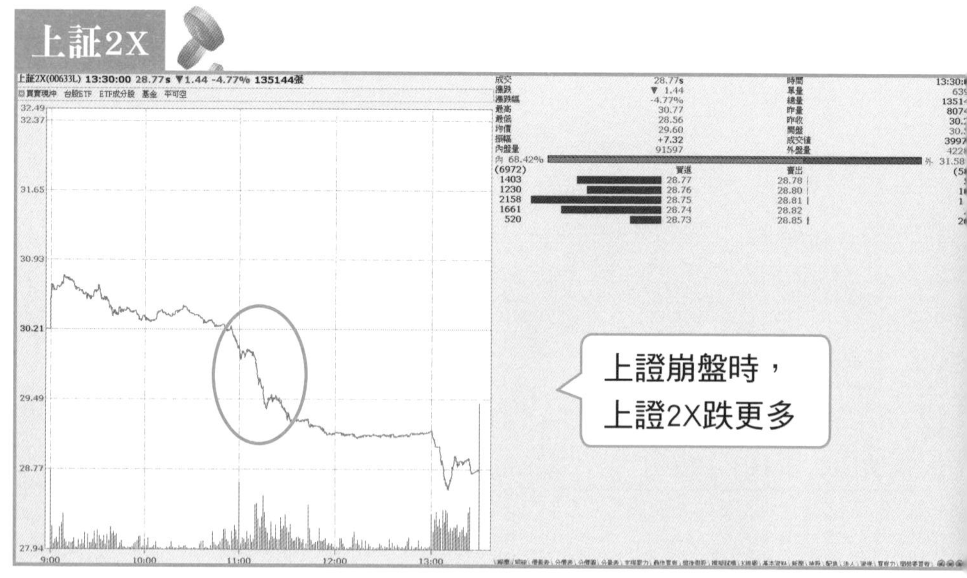

從上証觀察台股

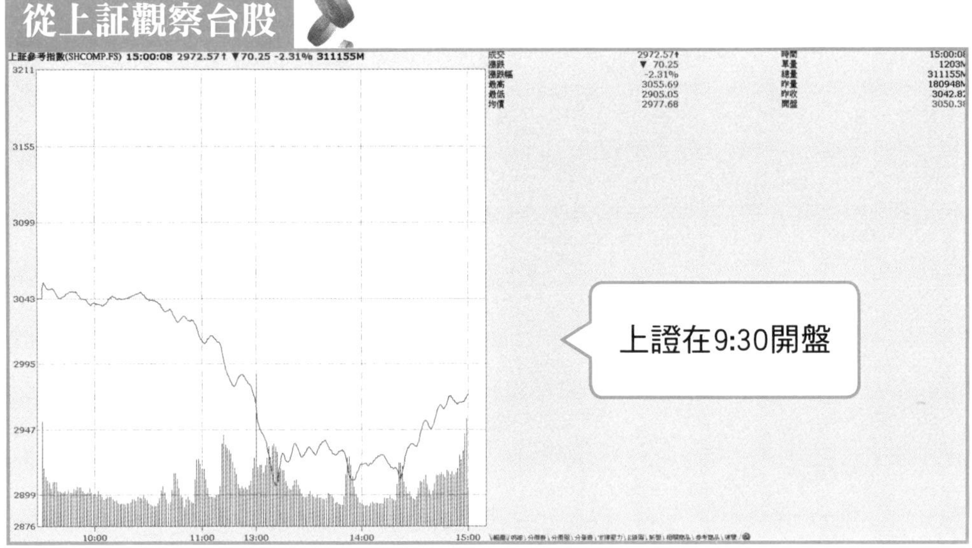

上証影響台北股市盤中當日漲跌

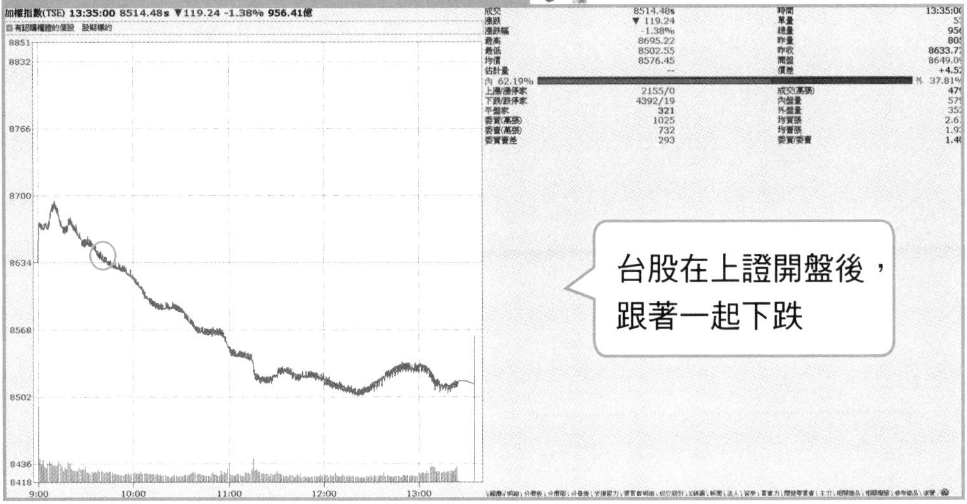

加權指數(TSE) 13:35:00 8514.48s ▼119.24 -1.38% 956.41億

台股在上證開盤後，
跟著一起下跌

圖片來源：富邦e01

MEMO

第十章

認識槓桿型和反向型ETF

若要短線操作ETF，那就像操作股票短線一樣，不只要觀察各種技術指標，當趨勢轉變時，更要嚴格操作。

認識槓桿型和反向型ETF

用槓桿型和反向型ETF，以追求更大報酬率的效果。

ETF經過基金公司多年的發行之後，發現傳統型追蹤指數無法獲得更大的利潤，頂多只是與標的指數的報酬同步，若遇上盤整期時，則報酬率更低，因此基金公司開始發展出槓桿型和反向型ETF，以追求更大報酬率的效果。

2倍槓桿做多與反向放空

2倍槓桿做多，顧名思義就是當標的指數上漲1%，則此ETF將會利用期貨槓桿的原理，讓此ETF上漲2%，反向放空則是運用期貨放空原理，當當標的指數下跌1%時，則反向放空的ETF則是上漲1%。

槓桿型和反向型ETF概念圖

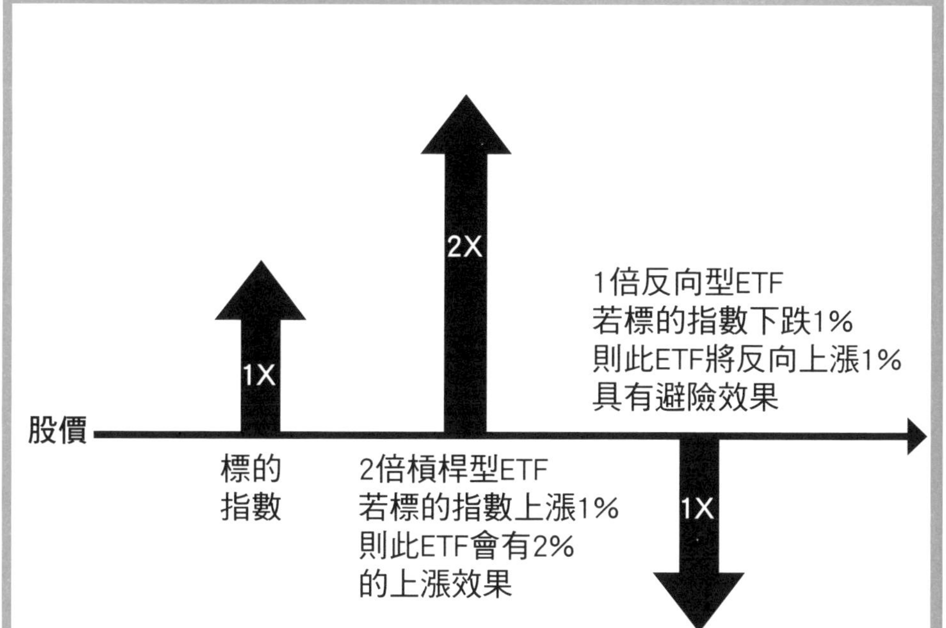

漲跌幅度

基本上槓桿型和反向型ETF的買賣操作跟傳統ETF類似，都是像股票一樣T+2交割，並且都可以當沖交易，但是由於加入了槓桿型與反向型的概念，所以在漲跌之間的各種狀況，就會與傳統型ETF略為不同。

目前台灣所發行的ETF，如果所追蹤的標的物有漲跌幅度，例如台灣指數目前漲跌幅為10%，那追蹤台灣相關指數的ETF則一樣為10%，若是追蹤國外的指數，有些國家是沒有漲跌幅限制的，那麼追蹤該指數的ETF，則也沒有漲跌幅限制。

如果是槓桿型的ETF，例如2倍型槓桿型ETF，那麼漲跌幅度就會變成槓桿倍數乘以該指數的漲跌幅度，舉例來說：T50正2（00631L）是追蹤台灣50的2倍型槓桿型ETF，那麼T50正2（00631L）的漲跌幅則為10%乘以2，即為20%。

台灣50

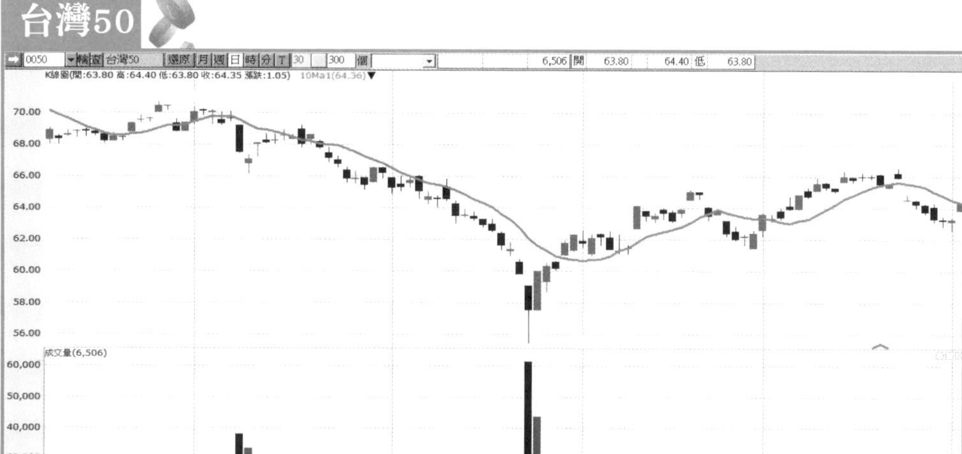
0050 台灣50
K線圖(開:63.80 高:64.40 低:63.80 收:64.35 漲跌:1.05) 10Ma1(64.36)
成交量(6,506)

T50正2

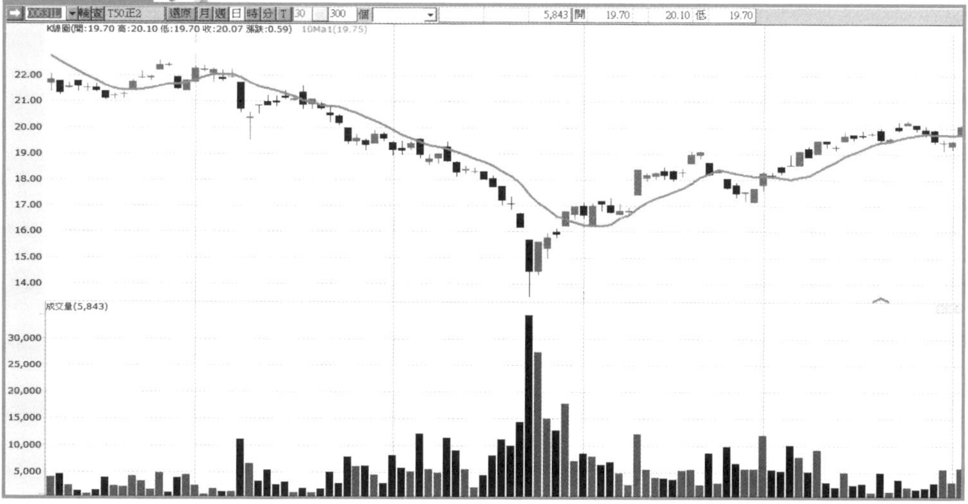

T50正2
K線圖(開:19.70 高:20.10 低:19.70 收:20.07 漲跌:0.59) 10Ma1(19.75)
成交量(5,843)

槓桿型和反向型ETF操作事項

建議投資人在操作時，要以短線操作槓桿型或是反向型的ETF為主。

槓桿型和反向型ETF就像一般股票一樣，可以進行融資買進和融券賣出，因此若假設投資人以融資買進2X槓桿型ETF，那麼等同於是以4倍槓桿來操作。假設標的指數漲1%，若以融資買進2X槓桿型ETF，那麼將會有4%的報酬率。

少賺也不要多賠

若融資買進2X槓桿型ETF後，股價不漲反跌，那麼2X槓桿型ETF每跌1%，融資買進的資金也會有－4%的虧損，所以若是以融資融券來操作2X槓桿型ETF，那麼一定要嚴設停損點，不能只看到投資報酬率，而完全忽

視掉了風險。以我的經驗，當有把握該檔ETF當天短線的走勢時，我會以融資買進和融券賣出的當日沖方式來操作，若沒有把握時，其實就以現股操作即可，因為在投資市場裡，寧願少賺也不要多賠。

除權除息的影響

ETF本身會有除權息，有些是年配息，也有些是半年配息，不過槓桿型或反向型的ETF不會有除權息。

但是要注意的是，由於槓桿型或反向型的ETF所追蹤的標的商品，若有除息時，則除息當天一樣會有參考價的買賣，所以除權息對於槓桿型或是反向型的ETF是沒有影響的。

總的來說，若長期持有槓桿型或反向型的ETF，由於內含的費用高過於一般型的ETF，所以若所追蹤的標的商品長期在盤整區時，槓桿型或反向型的ETF由於內含費用的關係，比較無法在盤整區跟商品同步呈現。

因此建議投資人在操作時，以短線操作槓桿型或反向型的ETF為主，而不是以長期投資的心態來做，盡量以各種技術指標為輔助，善設停損停利點，長期下來才能從槓桿型或反向型的ETF上賺到合理的利潤。

ETF與基金不同的是，基金依靠著基金經理的專業判斷來選股，而ETF則是在一開始成立時，就設定好選股的條件，一旦條件符合就納入該ETF。

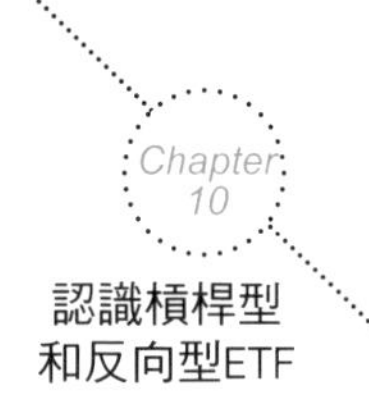

上証2X

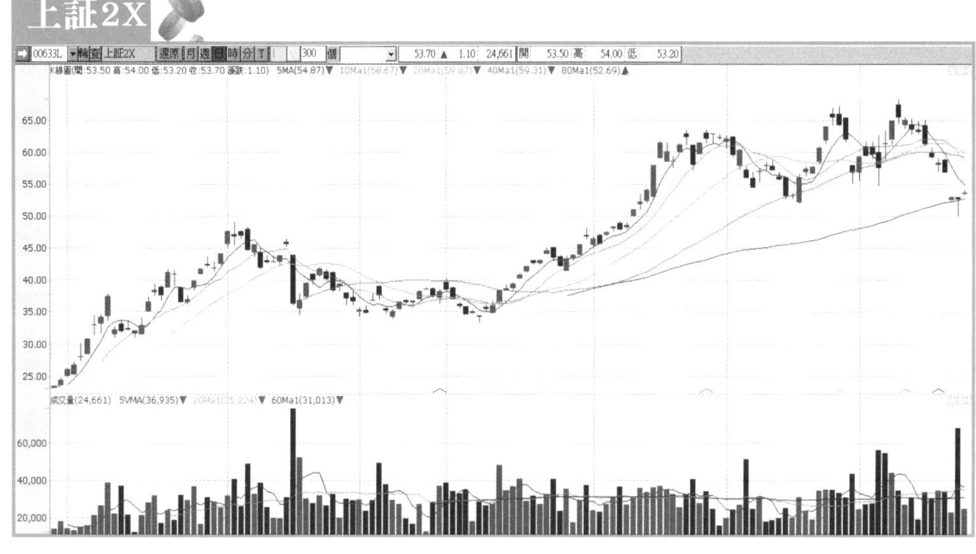

00633L 輸查 上証2X 還原 月 週 日 時 分 T 300 個 53.70 ▲ 1.10 24,661 開 53.50 高 54.00 低 53.20
K線圖(開:53.50 高:54.00 低:53.20 收:53.70 漲跌:1.10) 5MA(54.87)▼ 10Ma1(58.67)▼ 20Ma1(59.87)▼ 40Ma1(59.31)▼ 80Ma1(52.69)▲
65.00
60.00
55.00
50.00
45.00
40.00
35.00
30.00
25.00
成交量(24,661) 5VMA(36,935)▼ 20Ma1(35,224)▼ 60Ma1(31,013)▼
60,000
40,000
20,000

上証反

00634R 輸查 上証反 還原 月 週 日 時 分 T 300 個 10.10 ▼ 0.07 28,247 開 10.10 高 10.15 低 10.06
K線圖(開:10.10 高:10.15 低:10.06 收:10.10 漲跌:-0.07) 5MA(10.03)▲ 10Ma1(9.73)▲ 20Ma1(9.64)▲ 40Ma1(9.74)▲ 80Ma1(10.78)▼
18.00
17.00
16.00
15.00
14.00
13.00
12.00
11.00
10.00
成交量(28,247) 5VMA(49,484)▼ 20Ma1(40,236)▲ 60Ma1(33,204)▲
80,000
60,000
40,000
20,000

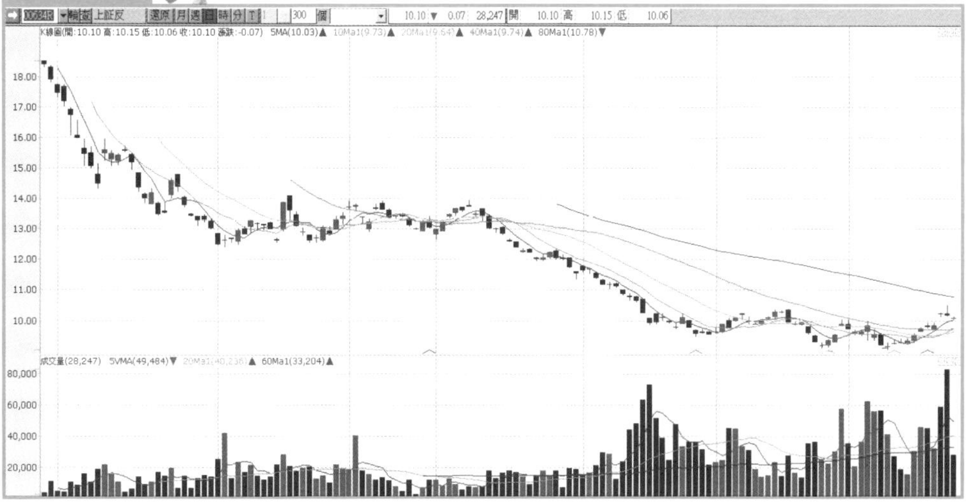

ETF的折溢價

有雙重因素影響來影響ETF的報價。

投資人要注意的是溢價通常是造市者控制的，也許他低檔買很多（當時溢價10%），拉起來減碼（現在溢價20%），造成溢價空間縮小（回到溢價14%），但是股價隨時在波動，溢價空間也同時在波動，因此有雙重因素影響來影響ETF的報價。

ETF的折價和溢價

ETF市價＜ETF淨值＝＞折價

ETF市價＞ETF淨值＝＞溢價

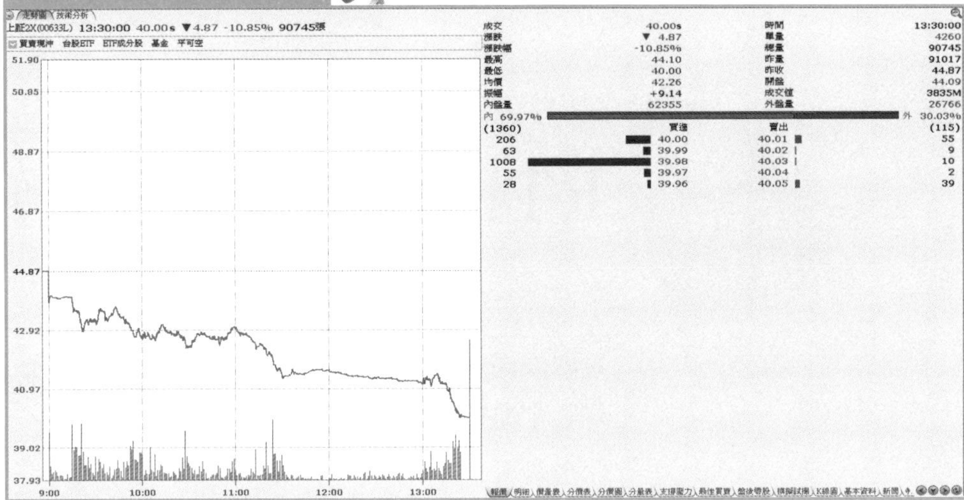

20150714 上證180

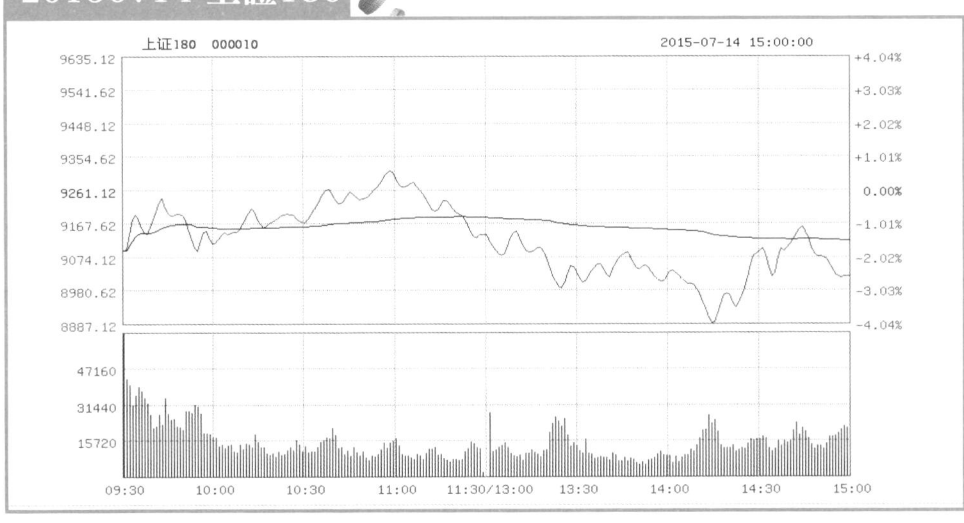

上証2x並不是追蹤上證指數，而是追蹤的上証180指數的單日正向2倍表現。

ETF短線操作策略

短線操作一定要設立停損點，因為當價格不如預期呈現相反走勢時，那麼進場點表示也錯了，所以將立即停損出場。

若要短線操作ETF，那就像操作股票短線一樣，不只要觀察各種技術指標，當趨勢轉變時，更要嚴格操作，以下我舉幾個常用短線操作技巧，供讀者做參考。

順勢操作

短線操作最重要的是不要預設立場，也就是當ETF在上漲時不摸頭，而當ETF在下跌時也不猜底，投資人可以最簡單的10日均線和30分KD來決定多空方向。舉例來說當10日均線向上、同時30分KD自20往上交叉時，那麼短線上便是偏多操作，而當10日線向下、同時30分KD自80往下交叉時，那麼短線上便是偏空方操作。

ETF當沖技巧

ETF每日的漲跌振福平均高達2%以上，投資人若是傻傻地抱著ETF，往往帳面的損益波動極大，往往昨天還是賺錢，但是今天馬上跌個5%就虧損了，因此投資人還必須學會ETF的當沖技巧，在必要時當天就可以平倉獲利了結。

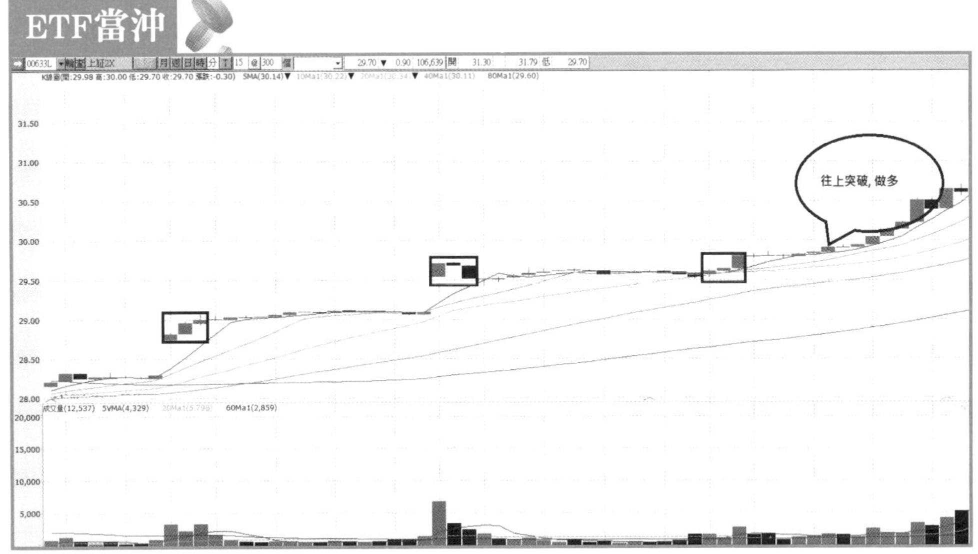

ETF當沖的K線圖必須要改設為15分鐘K線，並且開盤後15分線的前3根K棒就要決定當天的進出，15分線前兩根K線高低點決定初步支撐壓力，若突破前2根高低區間決定方向，假設往上突破就做多，往下突破就做空。

短線當沖一定要設立停損點，我建議的停損點為進場點，因為當價格不如預期呈現相反走勢時，那麼進場點表示也錯了，所以將立即停損出場，並且當天不再操作，以免讓自己的情緒陷入患得患失的情況之中。

不同市場的ETF收盤不同步

假若ETF追蹤的是國外指數，那麼要注意的是由於不同市場的ETF收盤不同步，因此ETF的開盤價會反應前一天的收盤價，因此有時會造成當該市場當日上漲時，ETF卻呈現下跌走勢，但是若以趨勢來說，ETF的走勢還是跟該市場亦步亦趨的趨近。

上証當日走勢圖

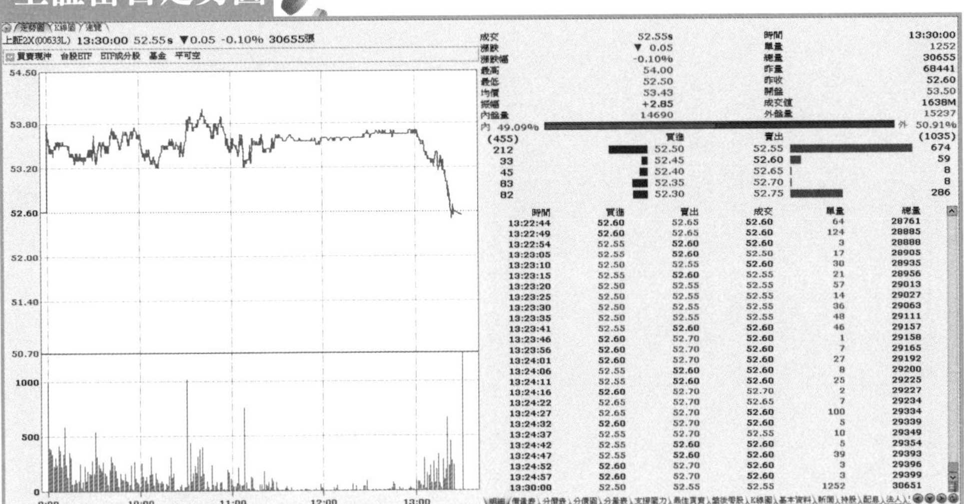

上証當日2X走勢圖

上証參考指數(SHCOMP.FS) 15:00:06 4690.09↑ ▲113.60 +2.48% 815063M

台灣ETF收盤

由於ETF與當地市場收盤不同步，所以經常發生ETF收盤後，當地市場尾盤大漲。

深証當日走勢圖

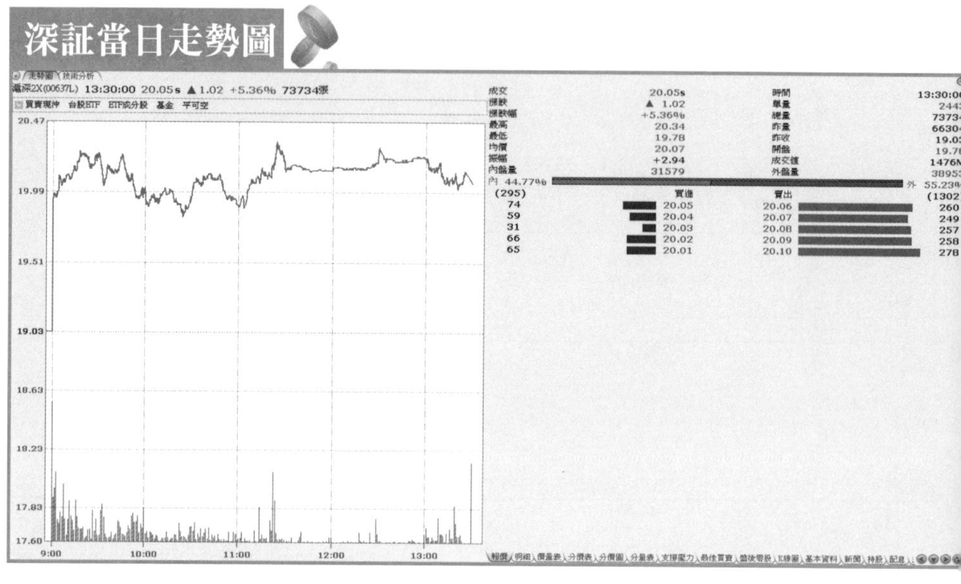

深証當日2X走勢圖

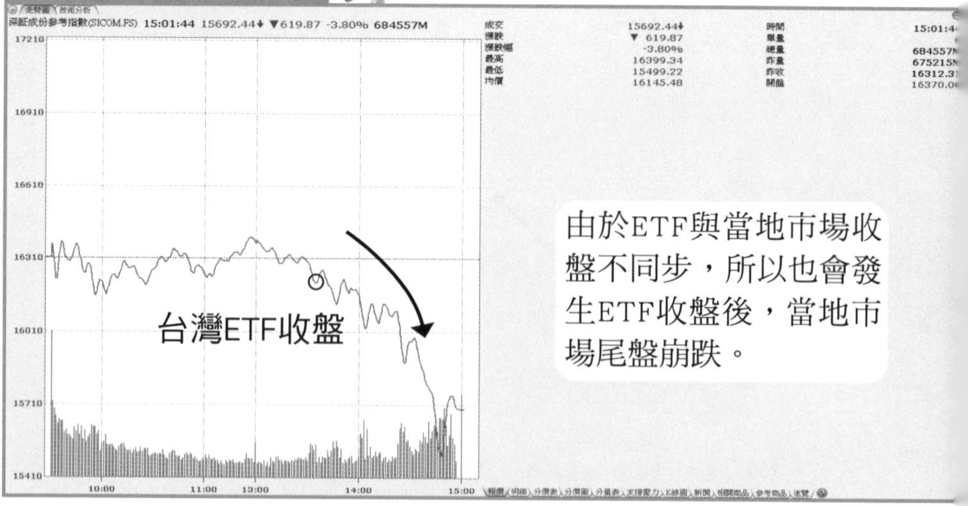

走勢圖 技術分析
深証成份參考指數(SICOM.FS) 15:01:44 15692.44↓ ▼619.87 -3.80% 684557M

成交	15692.44↓	時間	15:01:44
漲跌	▼ 619.87	單量	
漲跌幅	-3.80%	總量	684557M
最高	16399.34	昨量	675215M
最低	15499.22	昨收	16312.31
均價	16145.48	開盤	16370.00

台灣ETF收盤

由於ETF與當地市場收盤不同步，所以也會發生ETF收盤後，當地市場尾盤崩跌。

用資產配置錢滾錢

資產配置的目的，是在於幫助富有的人不會散盡家產，也幫助一般人往致富的道路邁進。

因此，這個單元的首要部分，就是要告訴諸位讀者：「資產配置」的重要性，並藉由投資各種不同類型的ETF，使你的資產配置，達到最大效益。

將資產配置發揮

為什麼要做資產配置？簡單地說，若將世界分成富有的人，以及一般人兩類，則資產配置的目的，在於幫助富有的人不會散盡家產，也在於幫助一般人往致富的道路邁進。

若是富有的人疏於理財，錢只出不進，而一般人藉由良好的資產配置，開源節流，長期下來，一般人將可晉升為小富階級。這就是社會的現實，因為財富與機會，總是留給做好準備的人。

一般人容易有一個錯誤的觀念：反正我還年輕！時間還長得很，只要我喜歡，現在享樂有什麼不可以？以後賺錢的機會多得是。然而，若稍微有一點財務觀念，就應該知道，「時間」對我們的重要性。

今天的理財決定你的未來

我常問一些已經在社會工作幾年的人，是如何資產配置的？但得到的回答，卻經常是：「什麼資產配置？薪水就那麼一點，平常開銷就不夠，哪來的錢投資，等升官加薪之後，再來談投資比較實際吧」！

或者：「我也想過要存一筆錢，以便3年後可以結婚，10年後可以買房子，但不知為什麼，就是無法累積資金！」其實，大多數的人都有一個迷思，就是認為：只有在有錢時，才需要做資產配置，現在都沒什麼錢了，還談什麼規劃！

但事實上，資產配置的目的，不管是有錢人，還是一般市井小民，都是在幫助你如何有效率，並有效果地運用金錢。

你可以知道資金流入流出的情況，以及投資累積的效果，至少可以讓你知曉錢從何而來、去向何方。善於利用資產配置的人，懂得利用閒錢進行錢滾錢的投資，把小錢滾成大錢。

很多人在理財觀念或執行上，常犯某些錯誤，讀者可以檢視自己，是否經常處在以下的12種情況，如果你大部分回答：「是」，就要多警惕自己不要再犯，並表示你必須開始正視資產配置的重要性：

若稍微有一點財務觀念，就應該知道，「時間」對我們的重要性。

從今天就開始資產配置

進行任何的理財投資動作前，必須先存下一筆錢，因此，越早開始資產配置，將越早實現資產配置的藍圖。

理財的觀念其實很簡單，想要越來越有錢，不外有兩種方法，要不就開源，要不就節流。開源的意思，是找尋新的財富來源，例如工作，或外加兼差賺外快。

而節流，就是要省吃儉用，將日常生活的開銷項目列出來，針對每個項目分析，哪些可以省略，例如原本喜歡上館子飽餐一頓，現則改為在家自行開伙等。

不論是要投資、理財，還是要在2年後買車、10年後購屋，錢從哪裡來？換句話說，資金規劃的第一步，就是要先儲蓄。沒有事先強迫自己固定存一筆錢，資產配置就無法執行，當然想要達到所設定的目標，可能就更難上加難。

要如何存錢、存多少錢才合理？

說實在的，要如何才能得知，每個月或是定期，可以存下多少錢？每個月存下1萬元嗎？可是我的薪水才3萬元；每個月存下1,000元嗎？可是未來還要買車、買房子呢！因此，到底要怎麼存錢、存多少錢才合理呢？

下圖列出資產配置的流程，從瞭解自己開始，為什麼要進行理財？

目的是不會使辛苦賺來的錢，沒有效率地花用。有計畫的儲蓄、投資，使錢變大，讓未來的生活更為無虞，不會捉襟見肘，這就是資產配置的基本精神。

由下頁圖可以看出，資產配置是從規劃前的瞭解自己，到規劃中的設定目標、計算資產負債，以及平時現金流量的情形，然後選擇投資工具，一直到規劃後的投資會產生複利效果等，一連串的程序。

編製資產負債表及現金流量表

資產配置其中很重要的一個環節，就是編製個人或家庭的資產負債表，及現金流量表。再一次強調，進行任何的理財投資動作之前，必須強迫自己先存下一筆錢。

但你從何得知，自己每個月有多少餘錢，可以進行投資，就有賴於計算你的現金流量，並且藉由資產負債

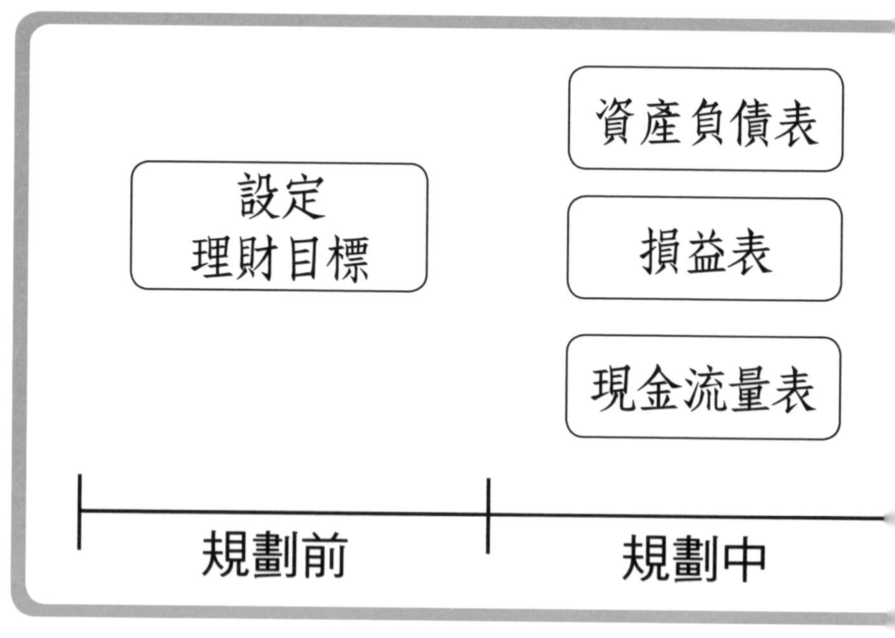

表得知，目前個人或家庭的淨值如何？也可以說是身價如何？因此，何不從現在開始就開始進行規劃！

在本章節後提供7項步驟以供參考：規劃到第5步，大致就可以知道，目前擁有多少的資產，以及債務，並經由現金流量表中，每個月收支相抵後，即可得知扣除一切必要支出後，還剩下多少錢可供運用，進而開始理財。

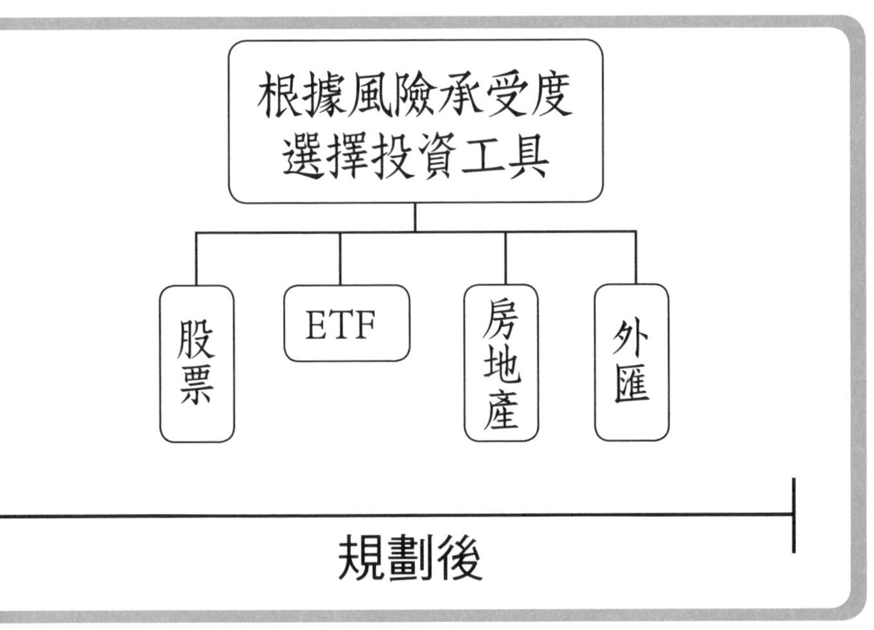

學習將生活單據製表

通常個人或家庭，很少有記帳的習慣，因為那是一件既繁重又很花時間的工作。雖然記帳可讓你瞭解日常消費的明細，進而瞭解錢到底用到哪裡去，但是一般人幾乎很少有記帳的習慣。然而若真的忙到無法記帳，難道就沒有別的方法可以知道資金流動的情形嗎？

答案是有的，下表陳列出一般人最常接觸到的文件，這些文件約略可以顯示目前的資金情況。如從存摺中的餘額一欄，可得知存款餘額。

有了這些財務資料，在下一節，我將開始教你如何編製個人或家庭的財務報表。

資金規劃的第一步，就是要先儲蓄。

自製自己的財務報表

本節列出了一些基本的表格，供讀者自行填寫，可算出自己的資產負債表、損益表和財務比率。

若自己會製作自己的財務報表，便可從中體會出公司財報的大致狀況，本節列出了一些基本的表格，供讀者自行填寫，可算出自己的收入支出表、資產負債表和財務比率。

依《富爸爸、窮爸爸》此書所提到的，收入是要由資產所創造的，支出則要盡量多買可創造收入的資產，至於負債，則是盡力降至最低，以下的表格可自行填寫後，再來檢討目前自己的財務狀況。

每月支出和收入記帳表

年	項目	月份	一月	二月	三月	四月	五月	六月	七月
支出	食	外食							
		食品採購							
	衣	服裝							
	住	房貸							
		租金							
		電話通訊							
		水電瓦斯							
		家用維修							
		土地及房屋稅							
		住屋保險							
	行	汽車貸款							
		汽車維修							
		汽油費							
		交通費用							
		汽車保險							
	撫育	子女教育費							
	育	成長教育費							
	樂	度假旅遊費							
		娛樂交際費							
	保險	人壽保費							
	稅	所得稅							
	投資	投資儲蓄							
	健康	健康保健							
	奉養	奉養							
	奉獻	奉獻							
	借貸	借別人錢							
		還別人錢							
	當月支出總計								
收入	本業收入	公司薪資							
		顧問收入							
		投資收入							
	借貸	別人還錢							
		借貸							
	當月收入總計								

八月	九月	十月	十一月	十二月	總計	項目總計	預算金額

資產負債表

資產項目	金　額	佔資產比率	負債項目	金　額	佔負債比率
現金			應繳死會		
活期存款			信用卡付款		
定期存款			交通工具貸款		
零存整付定存			不動產貸款		
銀行轉承債券			銀行借貸		
正式債券			保單借貸		
股票投資			現金借款		
基金投資			其他負債		
已繳活會					
名下不動產現值					
名下交通工具現值					
借貸他人					
保險保單現值					
其他資產現值					
合計：			合計：		
淨值（總資產－總負債）					